LECLERC Marie 2e 10

für eine AKTIVE KOMMUNIKATION auf DEUTSCH

L'ESSENTIEL DU VOCABULAIRE ALLEMAND

Pour communiquer en classe et en milieu germanique :
le vocabulaire de base, classé en deux niveaux.

Rosemarie Bunk - Yves Debans

Couverture : Studio PLUMECOCQ
Illustrations intérieures : DELIUS

ISBN : 2-903891-47-8

AVANT-PROPOS

Communiquer en allemand suppose, d'une part la maîtrise des principales règles de grammaire, d'autre part la connaissance d'un vocabulaire minimum, sans lequel aucun échange n'est possible. Or, l'expérience montre que ce vocabulaire essentiel est souvent ignoré des élèves, même au baccalauréat et au-delà.

C'est pour combler cette lacune que nous vous proposons **"Für eine aktive Kommunikation auf Deutsch"**, vocabulaire d'un genre nouveau, qui présente trois caractéristiques principales.

1 - Il comporte deux niveaux clairement distincts.
Le premier niveau, symbolisé par la couleur verte, s'adresse aux élèves de collège. Il fournit les mots et expressions dont ils auront besoin pour entrer en seconde, et qu'ils pourront apprendre progressivement durant tout le premier cycle.
Le deuxième niveau, symbolisé par la couleur bleue, est destiné aux élèves de lycée. Il aborde les grands thèmes de société et de l'actualité. Il propose en outre une liste de mots "outils" et d'expressions pour le commentaire de textes et l'étude de documents iconographiques.

2 - Pour chaque chapitre, seuls les mots et les expressions dont la connaissance nous a paru indispensable ont été retenus. Cet ouvrage, en effet, ne prétend pas à l'exhaustivité. Il veut être une aide pour les élèves qui ont des lacunes, un livre qui leur permette d'aborder dans de bonnes conditions l'entrée au lycée, et le baccalauréat.

3 - **"Für eine aktive Kommunikation auf Deutsch"** est aussi l'outil idéal pour préparer un séjour en Allemagne. La deuxième partie du livre comporte un choix important de phrases utilisables dans les situations de la vie courante, ce qui facilitera le contact avec les jeunes Allemands.

Précisons enfin que l'ouvrage tient compte des nouvelles règles d'orthographe qui entreront en vigueur en Allemagne dès 1998.

Les Auteurs

SOMMAIRE

1. VOCABULAIRE

1) CLASSEMENT PAR CHAPITRE

2) CLASSEMENT PAR ORDRE ALPHABÉTIQUE

II. NOTIONS ET FONCTIONS

DER MENSCH - SEIN AUSSEHEN
L'HOMME - SON ASPECT PHYSIQUE

der Mensch (en,en)	l'homme, l'être humain
der Mann (¨er)	l'homme
die Frau (en)	la femme
das Kind (er)	l'enfant
der Junge (n,n)	le garçon
das Mädchen (-)	la fille
der Jugendliche (adj. subst.)	le jeune
der Erwachsene (adj. subst.)	l'adulte
der Körper (-)	le corps
wachsen (u,a,ä) (sein)	grandir
der Kopf (¨e)	la tête
das Haar (e)	le cheveu, la chevelure
blond ≠ dunkel	blond ≠ foncé
braun	châtain
rot	roux
schwarz	noir
kurz ≠ lang	court ≠ long
graue Haare haben	avoir les cheveux blancs
das Gesicht (er)	le visage
das Auge (n)	l'oeil
die Nase (n)	le nez
der Mund (¨er)	la bouche
der Zahn (¨e)	la dent
das Ohr (en)	l'oreille
der Bart (¨e)	la barbe
der Hals (¨e)	le cou
der Rücken (-)	le dos
die Schulter (n)	l'épaule
der Bauch (¨e)	le ventre
das Bein (e)	la jambe
das Knie (e)	le genou
der Fuß (¨e)	le pied
der Arm (e)	le bras
sich (D) den Arm brechen (a,o,i)	se casser le bras
die Hand (¨e)	la main
der Finger (-)	le doigt
die Haut	la peau
bluten	saigner
das Blut	le sang
aus/sehen (a,e,ie)	avoir l'air
gut / schlecht aus/sehen	avoir bonne / mauvaise mine
jm gefallen (ie,a,ä)	plaire à qn
die Schönheit	la beauté
schön ≠ häßlich	beau ≠ laid
hübsch	joli
jung ≠ alt	jeune ≠ vieux
groß ≠ klein	grand ≠ petit
dick ≠ dünn	gros ≠ maigre
schlank	mince
schwach ≠ stark	faible ≠ fort
jm ähneln	ressembler à qn

Wie alt bist du?	Quel âge as-tu ?
Wie groß bist du?	Combien mesures-tu ?
Wie sieht er aus?	De quoi a-t-il l'air ?
Sie hat dunkelbraune Haare.	Elle a les cheveux châtain foncé.
Er ähnelt seiner Mutter.	Il ressemble à sa mère.
Sie ist ziemlich groß.	Elle est assez grande.
Sie trägt eine Brille.	Elle porte des lunettes.
Hände hoch!	Haut les mains !

die Stirn (en)	le front
die Wange (n), die Backe (n)	la joue
das Kinn	le menton
die Augenbraue (n)	le sourcil
die Wimper (n)	le cil
der Knochen (-)	l'os
die Ferse (n)	le talon
der Ellbogen (-)	le coude
die Faust (¨e)	le poing
der Daumen (-)	le pouce
der Fingernagel (¨)	l'ongle
die Brust (¨e)	la poitrine
der Busen (-)	les seins
der Atem	la respiration
außer Atem	hors d'haleine
atmen	respirer
aus/atmen ≠ ein/atmen	expirer ≠ inspirer
der Nerv (en)	le nerf
der Geist	l'esprit
das Aussehen	l'aspect
der Gesichtsausdruck	l'expression du visage
die Gesichtszüge	les traits du visage
jm ähnlich sehen	ressembler à qn
reizend	charmant
die Falte (n)	la ride
faltig	ridé
die Narbe (n)	la cicatrice
blaß	pâle
bleich	blême, blafard
der Pickel (-)	le bouton
pickelig	couvert de boutons
eine Glatze haben	être chauve
die Locke (n)	la boucle
gewelltes Haar haben	avoir les cheveux ondulés
kraus	crépu
glatt	lisse
der Schnurrbart (¨e)	la moustache
die Figur (en)	la silhouette
eine gute Figur haben	être bien fait, bien proportionné
gut gebaut	bien bâti
wiegen (o,o)	peser
das Gewicht	le poids
zu/nehmen ≠ ab/nehmen	grossir ≠ maigrir
die Gestalt (en)	la silhouette, la stature
mager	maigre
dürr	très maigre
zart	frêle, fragile
kräftig	robuste, vigoureux
körperlich behindert	handicapé physique
nackt	nu

Er zuckte mit den Achseln.	Il haussa les épaules.
Sie ist ihm um den Hals gefallen.	Elle lui a sauté au cou.
Er zitterte am ganzen Körper.	Il tremblait de tout son corps.
Sie machten sich sofort auf die Beine.	Ils se mirent aussitôt en route.
Sie hat Pickel im Gesicht.	Elle a des boutons sur le visage.
Du gehst mir auf die Nerven.	Tu me portes sur les nerfs.
Ich war mit den Nerven am Ende.	J'étais à bout de nerfs.
Er will nicht das Gesicht verlieren.	Il ne veut pas perdre la face.
Ich traute meinen Augen nicht.	Je n'en croyais pas mes yeux.
Sie hat drei Kilo abgenommen.	Elle a perdu trois kilos.

KÖRPERPLEGE
LES SOINS CORPORELS

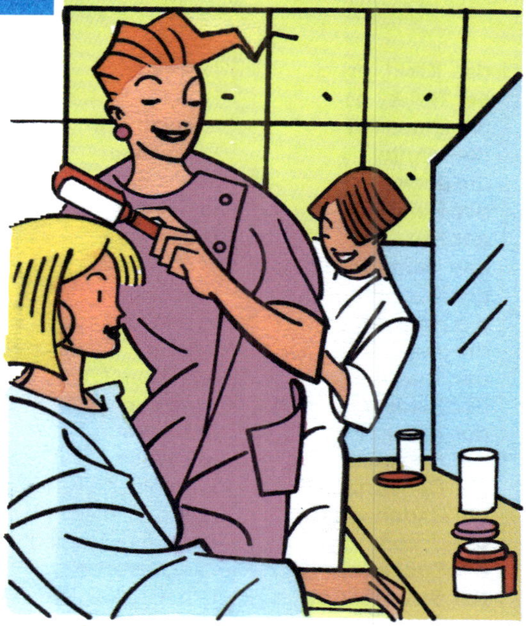

sich fertig machen	se préparer
sauber ≠ schmutzig	propre ≠ sale
das Wasser	l'eau
sich waschen (u,a,ä)	se laver
sich baden	se baigner
ein Bad nehmen (a,o,i)	prendre un bain
sich duschen	se doucher
die Seife (n)	le savon
sich ab/trocknen	s'essuyer
das Handtuch (¨er)	la serviette
das Badetuch (¨er)	la serviette de bain
das Parfüm (s)	le parfum
sich (D) die Zähne putzen	se brosser les dents
die Zahnbürste (n)	la brosse à dents
die Zahnpasta (ten)	le dentifrice
der Lippenstift (e)	le rouge à lèvres
sich rasieren	se raser
der Rasierapparat (e)	le rasoir
sich kämmen	se peigner
der Kamm (¨e)	le peigne
sich bürsten	se brosser
die Bürste (n)	la brosse
die Frisur (en)	la coiffure
der Friseur (e)	le coiffeur
sich (D) die Haare schneiden lassen	se faire couper les cheveux

der Haarschnitt (e)	la coupe de cheveux
halblang	mi-long
das Schampon (s)	le shampooing
der Föhn (e)	le sèche-cheveux
der Haarspray (s)	la laque

Er rasiert sich jeden Morgen.	Il se rase tous les matins.
Ich gehe zum Friseur.	Je vais chez le coiffeur.
Bist du noch nicht fertig?	Tu n'es pas encore prêt ?
Ich habe mir die Haare schneiden lassen.	Je me suis fait couper les cheveux.

sich schminken	se maquiller
gepflegt	soigné
sich (D) die Nägel schneiden (i,i)	se couper les ongles
sich (D) die Nägel lackieren	se vernir les ongles
der Nagellack (e)	le vernis à ongles

der Nagellackentferner (-)	le dissolvant pour ongles
die Ponyfransen (pl.)	la frange
der Pferdeschwanz (¨e)	la queue de cheval
der Zopf (¨e)	la natte, la tresse
die Haarfarbe (n)	la teinte de cheveux
gefärbte Haare	les cheveux teints

Sie sieht sehr gepflegt aus.	Elle fait très soignée.
Sie hat sich die Haare blond färben lassen.	Elle s'est fait teindre les cheveux en blond.
Schmink dich nicht so auffällig!	Ne te maquille pas de manière aussi voyante !

DIE KLEIDUNG
LES VÊTEMENTS

das Kleid (er)	la robe
der Rock (¨e)	la jupe
die Bluse (n)	le chemisier
der Mantel (¨)	le manteau
die Jacke (n)	la veste
der Pullover (-)	le pull-over
der Hut (¨e)	le chapeau
das Hemd (en)	la chemise
die Krawatte (n)	la cravate
die Hose (n)	le pantalon
die Jeans	le jean
das Kostüm (e)	le tailleur
der Sakko (s)	le veston
der Anzug (¨e)	le costume
der Schlafanzug (¨e)	le pyjama
der Badeanzug (¨e)	le maillot de bain
die Badehose (n)	le slip de bain
die Unterwäsche	les sous-vêtements
die Socke (n)	la chaussette
der Strumpf (¨e)	le bas
die Strumpfhose (n)	le collant
der Schal (s)	l'écharpe
das Tuch (¨er)	le foulard
der Handschuh (e)	le gant
der Schuh (e)	la chaussure
der Stiefel (-)	la botte
flache Schuhe	des souliers plats
Schuhe putzen	nettoyer les souliers
der Schuster (-)	le cordonnier
der Regenschirm (-)	le parapluie
das Taschentuch (¨er)	le mouchoir
der Gürtel (-)	la ceinture
die Hosenträger	les bretelles

tragen (u,a,ä) / an/haben	porter
sich an/ziehen (o,o)	s'habiller
sich aus/ziehen	se déshabiller
sich um/ziehen	se changer
etw. an/ziehen	mettre qc
etw. aus/ziehen	enlever qc
die Sachen	les affaires, les vêtements
an/probieren	essayer
die Umkleidekabine (n)	la cabine d'essayage
die Größe (n)	la taille, la pointure
jm passen	être à la taille de qn
passen zu (+D)	être assorti à
jm (gut) stehen	aller (bien) à qn
die Mode	la mode
mit der Mode gehen (sein)	suivre la mode
modern, modisch	moderne
altmodisch	démodé
elegant	élégant
breit	large
weit ≠ eng	ample ≠ étroit
sauber ≠ schmutzig	propre ≠ sale

Schwarz steht dir überhaupt nicht.	Le noir ne te va pas du tout.
Diese Hose sitzt perfekt.	Ce pantalon va parfaitement.
Welche Schuhgröße haben Sie?	Quelle est votre pointure ?
Dieser Pulli paßt gut zu deiner Hose.	Ce pull va bien avec ton pantalon.
Der Mantel paßt mir nicht. Er ist zu eng.	Le manteau ne me va pas. Il me serre.

DIE FARBEN : *LES COULEURS*

die Farbe (n)	la couleur
weiß	blanc
schwarz	noir
rot	rouge
rosa	rose
blau	bleu
hellblau	bleu clair
dunkelblau	bleu foncé
gelb	jaune
grün	vert
grau	gris
braun	marron
lila	violet
bunt	multicolore
einfarbig / uni	uni

NÄHEN : *LA COUTURE*

der Schneider (-)	le tailleur
der Modeschöpfer (-)	le grand couturier
entwerfen (a,o,i)	créer
die neueste Mode	la toute dernière mode
das Mannequin (s)	le mannequin
die Modenschau (s)	la présentation de mode
der Laufsteg (e)	le podium
nähen	coudre
die Nähmaschine (n)	la machine à coudre
die Naht (¨e)	la couture
die Nadel (n)	l'aiguille
der Faden (¨)	le fil
die Schere	les ciseaux
ändern	transformer
länger machen	rallonger
kürzer machen	raccourcir
bügeln	repasser
das Bügeleisen (-)	le fer à repasser
die Tasche (n)	la poche
der Kragen (¨)	le col
der Knopf (¨e)	le bouton
den Knopf an/nähen	coudre le bouton
der Ärmel (-)	la manche
kurzärmelig	à manches courtes
langärmelig	à manches longues
die Falte (n)	le pli
der Reißverschluss (¨e)	la fermeture éclair
das Loch (¨er)	le trou

Der Knopf ist ab(gerissen).	Le bouton est tombé.
Näh ihn wieder an!	Recous-le !
Wo ist die Schere?	Où sont les ciseaux ?
Schon wieder ein Loch im Socken!	Encore un trou dans la chaussette !

DER STOFF : *LE TISSU*

der Stoff (e)	le tissu
die Baumwolle	le coton
die Wolle	la laine
die Seide	la soie
aus reiner Seide	en pure soie
das Leder	le cuir
aus echtem Leder	en cuir véritable
waschbar	lavable
reinigen lassen	faire nettoyer
die Reinigung (en)	le nettoyage à sec
ein/gehen (i,a) (sein)	rétrécir
der Fleck (e)	la tache
das Muster (-)	le motif
gemustert	à motifs
der Streifen (-)	la raie
gestreift	rayé
kariert	à carreaux
auffällig	voyant

Der Weinfleck geht bestimmt nicht mehr raus.	La tache de vin ne partira certainement plus.
Vergiß nicht die Sachen von der Reinigung zu holen!	N'oublie pas d'aller chercher les affaires au nettoyage !
Man sieht es. Der Stoff ist von allerbester Qualität.	On le voit. Ce tissu est de la meilleure qualité.

DER SCHMUCK : *LES BIJOUX*

der Modeschmuck	les bijoux fantaisie	**das Armband (¨er)**	le bracelet
der Juwelier (e)	le joaillier	**die Brosche (n)**	la broche
der Ring (e)	la bague	**die Perle (n)**	la perle
die Ohrringe	les boucles d'oreille	**das Gold**	l'or
der Ehering (e)	l'alliance	**das Silber**	l'argent
die Kette (n)	la chaîne	**wertvoll / kostbar**	précieux
die Halskette (n)	le collier		

SEHEN, HÖREN, RIECHEN, FÜHLEN, SCHMECKEN
VOIR, ENTENDRE, SENTIR, TOUCHER, AVOIR DU GOÛT

SEHEN : *VOIR*

sehen (a,e,ie)	voir
fern/sehen	regarder la télévision
schauen	regarder
etw. an/schauen, an/sehen	regarder qc
sich (D) etw. an/sehen, an/schauen	regarder qc
bemerken	remarquer
beobachten	observer
die Beobachtung (en)	l'observation
blind	aveugle
sichtbar	visible

Schaut an die Tafel!	Regardez au tableau !
Schau mich an!	Regarde-moi !
Kommt, wir schauen die Fotos an!	Venez, on va regarder les photos !
Ich schaue mir einen Film an!	Je regarde un film !

jm bei etw. zu/sehen, zu/schauen	regarder qn faire qc
der Zuschauer (-)	le spectateur
die Zuschauerin (nen)	la spectatrice
die Sicht / die Aussicht	la vue
zu Boden blicken	baisser les yeux
der Blick (e)	le regard
mit Blick aufs Meer	avec vue sur la mer
auf den ersten Blick	à première vue
auf etw. / jn einen Blick werfen (a,o,i)	jeter un regard sur qc / qn
erblicken	apercevoir
etw. wahr/nehmen (a,o,i)	percevoir qc
jn an/starren	fixer qn du regard
auf etw. (A) starren	regarder fixement qc
betrachten	contempler
mustern	examiner, inspecter de près
jn aus den Augen verlieren (o,o)	perdre qn de vue
jn vom Sehen kennen	connaître qn de vue

Er sieht mir bei der Arbeit zu.	Il me regarde travailler.
Es war Liebe auf den ersten Blick.	Ce fut le coup de foudre.

LICHT UND DUNKELHEIT
LA LUMIÈRE ET L'OBSCURITÉ

das Licht (er)	la lumière
das Licht an/machen	allumer la lumière
das Licht aus/machen	éteindre la lumière
hell ≠ dunkel	clair ≠ sombre
scheinen (ie,ie)	briller, luire
die Sonne	le soleil
der Mond	la lune
der Stern (e)	l'étoile
strahlen	rayonner
der Strahl (en)	le rayon
die Sonnenstrahlen	les rayons du soleil
glänzen	resplendir, briller
der Blitz (e)	l'éclair
der Schatten	l'ombre
im Schatten	à l'ombre

Es ist schon dunkel / hell.	Il fait déjà nuit / jour.
Es wird hell / dunkel.	Il commence à faire jour / nuit.
Das Parkett glänzt.	Le parquet brille.
Das ist eine glänzende Idee.	C'est une excellente idée.

das Tageslicht	la lumière du jour
deutlich	net
leuchten	luire
glitzern	scintiller, étinceler
die Dunkelheit	l'obscurité
bei Einbruch der Dunkelheit	à la tombée de la nuit
finster	sombre, obscur
die Finsternis	l'obscurité

Bei Tageslicht ist die Farbe anders.	Au jour, la couleur est différente.
Mir geht ein Licht auf.	Je commence à y voir clair.

HÖREN : *ENTENDRE*

hören	entendre
jm zu/hören	écouter qn
der (Zu)hörer (-)	l'auditeur
von etw. / jm hören	entendre parler de qc / qn
von sich hören lassen	donner de ses nouvelles
horchen	écouter (attentivement)
an der Tür horchen	écouter à la porte
laut ≠ leise	bruyant, fort ≠ doux, bas
still	silencieux, tranquille
still sein	se taire
taub	sourd

Ich habe davon gehört.	J'en ai entendu parler.
Sprich bitte etwas lauter!	Parle un peu plus fort, s'il te plaît !
Sie schrie so laut sie konnte.	Elle criait à tue-tête.

GERÄUSCHE : *LES BRUITS*

der Lärm	le grand bruit
Lärm machen	faire du bruit
das Geräusch (e)	le bruit
klingeln, läuten	sonner
klopfen	frapper
schreien (ie,ie)	crier
der Schrei (e)	le cri

Es hat an die Tür geklopft.	On a frappé à la porte.
Es hat geklingelt.	On a sonné.
Sei still, ich habe ein Geräusch gehört.	Tais-toi, j'ai entendu un bruit.

der Krach	le bruit, le vacarme
Krach machen	faire du bruit
knallen	claquer
die Tür zu/knallen	claquer la porte
klingen (a,u)	sonner, résonner
der Klang (¨e)	le son
einen schönen Klang haben	avoir un joli son
der Ton (¨e)	le son
ertönen	retentir
rauschen	bruire (arbre / eau)
schrill	perçant
pfeifen (i,i)	siffler
bellen	aboyer
schlagen (u,a,ä)	battre, sonner

Ihre Stimme klingt traurig.	On sent de la tristesse dans sa voix.
Es hat gerade zehn geschlagen.	Dix heures viennent de sonner.
Sein Herz hat aufgehört zu schlagen.	Son coeur a cessé de battre.

RIECHEN : *SENTIR*

riechen (o,o)	sentir
gut riechen	sentir bon
schlecht riechen	sentir mauvais
nach Gas riechen	sentir le gaz
stinken (a,u)	puer

Wonach riecht es hier?	Qu'est-ce-que ça sent ici ?
Darf ich mal riechen?	Je peux sentir ?

der Geruch (¨e)	l'odeur
ein geruchloses Gas	un gaz inodore
duften	sentir bon
der Duft (¨e)	le parfum, l'arôme
sich verbreiten	se répandre
der Gestank	la puanteur
lüften	aérer

Welch angenehmer Geruch!	Quelle odeur agréable !
Hier riecht es schlecht. Lüftet ihr denn nie?	Ça sent mauvais ici. Vous n'aérez donc jamais ?

FÜHLEN : *TOUCHER*

fühlen	toucher	**kühl**	frais
kalt ≠ warm	froid ≠ chaud	**hart ≠ weich**	dur ≠ mou
heiß	très chaud, brûlant	**trocken ≠ naß**	sec ≠ mouillé

Fühl mal! Das Bett ist noch warm. Touche ! Le lit est encore chaud.

berühren, an/fassen	toucher	**stumpf ≠ scharf**	coupant ≠ émoussé
streicheln	caresser	**rutschig, glatt**	glissant
kratzen	gratter	**feucht**	humide
die Oberfläche	la surface	**lau**	tiède
rauh ≠ glatt	rugueux ≠ lisse		

Bitte nicht berühren! Prière de ne pas toucher !
Vorsicht! Rutschige Straße! Attention ! Route glissante !
Fass mich nicht an! Ne me touche pas !

SCHMECKEN : *AVOIR DU GOÛT*

kosten, probieren	goûter, déguster	**süß**	sucré, doux
gut schmecken	avoir bon goût	**fad**	fade
jm schmecken	plaire à qn	**salzig**	salé
nach Fisch schmecken	avoir un goût de poisson		

Hat es Ihnen geschmeckt? C'était bon ?
Wie schmeckt dir die Pizza? Comment trouves-tu la pizza ?

der Geschmack	le goût	**trocken**	sec
bitter schmecken	avoir un goût amer	**köstlich**	délicieux
scheußlich	affreux	**genießen (o,o)**	savourer
sauer	aigre, acide	**sich vor (+ D) etw. ekeln**	être dégoûté par
scharf	relevé	**eklig**	dégoûtant, répugnant

Ich ekle mich vor Schnecken. J'ai horreur des escargots.

SPRECHEN UND SICH VERSTÄNDIGEN
PARLER ET COMMUNIQUER

sprechen (a,o,i)	parler
die Sprache (n)	la langue
die Muttersprache	la langue maternelle
die Fremdsprache	la langue étrangère
das Gespräch (e)	la conversation, le dialogue
aus/sprechen	prononcer
die Aussprache	la prononciation
deutlich	distinctement
sagen	dire
die Stimme (n)	la voix
jn fragen	demander à qn
jn nach etw. fragen	demander qc à qn
die Frage (n)	la question
eine Frage stellen	poser une question
antworten	répondre
die Antwort (en)	la réponse
erzählen	raconter
die Erzählung (en)	le récit
die Geschichte (n)	l'histoire
erklären	expliquer
die Erklärung (en)	l'explication
wiederholen	répéter
die Wiederholung (en)	la répétition
übersetzen	traduire
die Übersetzung (en)	la traduction
das Wort (¨er)	le mot
der Satz (¨e)	la phrase
einen Satz bilden	former une phrase
unterbrechen (a,o,i)	interrompre
die Unterbrechung (en)	l'interruption
erfahren (u,a,ä)	apprendre (une nouvelle)
die Nachricht (en)	la nouvelle

rufen (ie,u)	appeler
um Hilfe rufen	appeler au secours
jn an/rufen	appeler qn (au téléphone)
der Anruf (e)	l'appel téléphonique
verstehen (a,a)	comprendre

Ich habe gerade mit ihnen gesprochen.	Je viens de leur parler.
Wen wollen Sie sprechen?	A qui voulez-vous parler ?
Unterbrich mich nicht andauernd!	Ne m'interromps pas sans cesse !
Sag es auf deutsch!	Dis-le en allemand !
Von wem hast du das erfahren?	Par qui as-tu appris cela ?
Darf ich Sie etwas fragen?	Puis-je vous demander quelque chose ?
Antworte auf meine Frage!	Réponds à ma question !

reden	parler, causer
die Rede (n)	le discours
eine Rede halten (ie,a,ä)	prononcer un discours
aus/drücken	exprimer
der Ausdruck (¨e)	l'expression
sich versprechen	se tromper en parlant
erwidern	répliquer
hinzu/fügen	ajouter
sich (zu etw.) äußern	se prononcer (sur qc)
die Äußerung (en)	la remarque, les propos
eine Meinung äußern	exprimer un avis
mit/teilen	faire savoir
berichten über (+ A)	rendre compte de
der Bericht (e)	le compte-rendu, le rapport
jm widersprechen	contredire qn
der Widerspruch (¨e)	la contradiction
offen gesagt	à vrai dire
erwähnen	mentionner
auf etw. (+ A) hin/weisen (ie,ie)	attirer l'attention sur qc
der Hinweis (e)	l'indication
etw. betonen	mettre l'accent sur qc
plaudern	bavarder
sich unterhalten (ie,a,ä)	s'entretenir, discuter
die Unterhaltung (en)	la conversation
flüstern	chuchoter
überzeugen	convaincre
übertreiben (ie,ie)	exagérer
begründen	fonder, motiver
rechtfertigen	justifier
bestätigen	confirmer
behaupten	affirmer, prétendre

Sie spricht fließend deutsch.	Elle parle couramment allemand.
Sie muß immer übertreiben.	Il faut toujours qu'elle exagère.
Ich bin davon überzeugt.	J'en suis convaincu.
Es ist besser, es nicht zu erwähnen.	Il vaut mieux ne pas le mentionner.
Widersprich mir nicht andauernd!	Ne me contredis pas constamment !
Wie kannst du so etwas behaupten?	Comment peux-tu prétendre une chose pareille ?
Wie willst du dich im Ausland verständigen?	Comment veux-tu te faire comprendre à l'étranger ?

DIE BEWEGUNG
LE MOUVEMENT

gehen (ging, gegangen) (sein)	aller
hinein/gehen	entrer
hinaus/gehen	sortir
aus/gehen	sortir (au spectacle)
weg/gehen	partir
vorbei/gehen (an + D)	passer (devant)
(die Treppe) hinunter/gehen	descendre (l'escalier)
(die Treppe) hinauf/gehen	monter (l'escalier)
nach Hause gehen	rentrer
zu Fuß	à pied
kommen (a,o) (sein)	venir
herein/kommen	entrer
heraus/kommen	sortir
an/kommen	arriver
zurückkommen	revenir
in den Bus (ein)/steigen (ie,ie) (sein)	monter dans le bus
aus dem Bus (aus)/steigen	descendre du bus
laufen (ie,au,äu) (sein)	courir
weg/laufen	partir en courant
stehen (a,a)	être debout
auf/stehen (sein)	se lever
stehen bleiben (ie,ie) (sein)	s'arrêter, rester debout
stellen	poser, mettre (debout)
sitzen (a,e)	être assis
sitzen bleiben (ie,ie) (sein)	rester assis
sich setzen	s'asseoir
liegen (a,e)	être couché
legen	poser, mettre
sich hin/legen	se coucher, s'allonger
hängen (i,a,ä)	être suspendu / accroché
hängen	suspendre
fallen (ie,a,ä) (sein)	tomber
hin/fallen (sein)	tomber par terre
springen (a,u) (sein)	sauter
der Sprung (¨e)	le saut, le bond
sich um/drehen	se retourner
jm folgen (sein)	suivre qn
überqueren	traverser
verlassen (ie,a,ä)	quitter
erreichen	atteindre
fliegen (o,o) (sein)	voler
starten (sein)	décoller

landen (sein)	atterrir
schwimmen (a,o)	nager
schieben (o,o)	pousser
ziehen (o,o)	tirer
werfen (a,o,i)	jeter, lancer
heben (o,o)	lever, soulever
auf/heben	ramasser
hoch/heben	soulever
schlagen (u,a,ä)	battre, frapper
schnell ≠ langsam	rapide ≠ lent

Herein!	Entrez !
Ich komme morgen bei dir vorbei.	Je passerai te voir demain.
Wie komme ich am besten zum Bahnhof?	Quelle est la meilleure façon d'aller à la gare ?

sich bewegen	bouger
die Bewegung (en)	le mouvement
bewegungslos	immobile
die Geste (n)	le geste
ziellos herum/laufen	marcher sans but précis
herum/sitzen (a,e)	être assis à ne rien faire
herum/stehen (a,a)	être là à ne rien faire
rennen (rannte,gerannt) (sein)	courir
der Schritt (e)	le pas
Schritt für Schritt	pas à pas
sich nähern (+ D)	(s')approcher de
näher kommen (sein)	s'approcher
sich beeilen	se dépêcher
die Eile	la hâte
in großer Eile	en toute hâte
es eilig haben	être pressé
bummeln (sein)	flâner, se balader
einen Stadtbummel machen	faire une balade en ville
schlendern (sein)	flâner
schwanken	chanceler
stolpern (sein)	trébucher
rutschen (sein)	glisser
aus/rutschen (sein)	déraper
stürzen (sein)	faire une chute
an die Decke springen (sein)	sauter au plafond
sich nieder/knien, hin/knien	s'agenouiller
sich drängen	se pousser, se presser
sich vor/drängen	se faufiler
das Gedränge	la bousculade
auf jn zeigen	montrer qn du doigt
den Kopf schütteln	hocher la tête
jm die Hand schütteln	serrer la main à qn
jm die Hand reichen	tendre la main à qn
sich nach vorn beugen	se pencher en avant
sich an jn/etw.(an)/lehnen	s'appuyer sur qn, qc
kriechen (o,o) (sein)	ramper
sich bücken	se baisser

Er ging im Zimmer auf und ab.	Il faisait les cent pas dans la pièce.
Sie ist auf der Treppe ausgerutscht.	Elle a glissé dans l'escalier.
Ich habe es sehr eilig.	Je suis très pressé.
Lehn dich nicht aus dem Fenster!	Ne te penche pas par la fenêtre !
Er eilte nach Hause.	Il se hâta de rentrer chez lui.

GEFÜHLE
LES SENTIMENTS

fühlen	sentir
das Gefühl (e)	le sentiment
gefühllos	insensible

empfinden (a,u)	ressentir, éprouver
die Empfindung (en)	le sentiment

Wie fühlst du dich?	Comment te sens-tu ?
Was empfindest du für sie? - Nichts.	Que ressens-tu pour elle ? - Rien.
Ich habe das Gefühl, daß etwas passiert ist.	J'ai le sentiment qu'il s'est passé quelque chose.

FREUDE UND LEID : *LES JOIES ET LES PEINES*

zufrieden (mit)	content, satisfait (de)
die Zufriedenheit	la satisfaction
sich freuen (über + A)	être content (de)
sich freuen (auf + A)	se réjouir à l'idée de qc
die Freude (en)	la joie
froh	joyeux, heureux
fröhlich	joyeux, gai
die Laune	l'humeur
der Spaß	le plaisir, l'amusement
guter / schlechter Laune sein	être de bonne / mauvaise humeur
das Glück	le bonheur, la chance
zum Glück	par bonheur
Glück haben	avoir de la chance
glücklich	heureux
glücklicherweise	heureusement
lachen (über + A)	rire (de)

lächeln (über + A)	sourire (de)
hoffen	espérer
die Hoffnung	l'espoir
traurig	triste
die Traurigkeit	la tristesse
unglücklich	malheureux
leider	malheureusement
das Unglück	le malheur, la malchance
weinen	pleurer
vor Freude weinen	pleurer de joie
die Träne (n)	la larme
schlimm	grave
das Mitleid	la pitié
mit jm Mitleid haben	avoir pitié de qn

Es tut mir Leid.	Je regrette.
Er tut mir Leid.	Il me fait de la peine.
Ich bin froh, daß es dir besser geht.	Je suis heureux que tu ailles mieux.
Sie ist ein fröhlicher Mensch.	C'est une personne gaie.
Viel Glück!	Bonne chance !
Wir freuen uns auf die Ferien.	Nous nous réjouissons en pensant aux vacances.
Ich freue mich über die Geschenke.	Je me réjouis des cadeaux.
Viel Spaß ! / Viel Vergnügen!	Amusez-vous bien !
Ich hoffe nicht!	J'espère que non !
Macht es dir wirklich Spaß, jeden Tag stundenlang Klavier zu üben?	Cela te fait vraiment plaisir de jouer du piano tous les jours durant des heures ?

vor Freude strahlen	rayonner de joie
jm die Freude verderben (a,o,i)	gâcher le plaisir de qn
das Vergnügen	le plaisir
zum Vergnügen	par plaisir
vergnügt	joyeux
jn zum Lachen bringen	faire rire qn
begeistert sein	être enthousiaste
die Begeisterung	l'enthousiasme
aufgeregt	excité, agité
erleichtert	soulagé
den Tränen nahe sein	être au bord des larmes
gerührt sein	être ému
schluchzen	sangloter
seufzen	soupirer
der Seufzer (-)	le soupir
einen Seufzer aus/stoßen (ie,o,ö)	pousser un soupir
pessimistisch sein	être pessimiste
der Pessimist (en,en)	le pessimiste
der Kummer	le chagrin
die Sorge (n)	le souci
sich (D) um jn Sorgen machen	se faire du souci pour qn
niedergeschlagen	abattu
erschüttert	bouleversé
deprimiert	déprimé
verzweifelt	désespéré
die Verzweiflung	le désespoir
über etw. (A) klagen	se plaindre de qc
die Klage (n)	la plainte
bedauern	regretter
Mitleid erregen	faire pitié
das Elend	la misère
die Qual (en)	le tourment
die Demütigung (en)	l'humiliation
jn demütigen	humilier qn
sich schämen	avoir honte
die Scham	la honte
die Schande	le honte, le déshonneur
beschämend	honteux
trösten	consoler
der Trost	la consolation

Bring mich nicht zum Lachen!	Ne me fais pas rire !
Ich bin außer mir vor Freude!	Je suis transporté de joie !
Es ist zum Verzweifeln!	C'est à désespérer !

LIEBE UND HAß : *L'AMOUR ET LA HAINE*

etw. gern tun	aimer faire qc
jn/etw. gern haben	aimer qn/qc
jn/etw. lieber haben	aimer mieux qn/qc
jn/etw. mögen	aimer bien qn/qc
jn/etw. lieben	aimer qn/qc (sentiment intense)
die Liebe	l'amour
sich mit jm verstehen (a,a)	s'entendre avec qn
der Freund (e)	l'ami
die Freundin (nen)	l'amie
die Freundschaft	l'amitié

freundschaftlich	amical
freundlich	aimable
nett	gentil
lieb	cher, gentil
angenehm	agréable

Sie liebt diesen Mann.	Elle aime cet homme.
Sie hat ihre Eltern sehr gern.	Elle aime beaucoup ses parents.
Er mag keine Hunde.	Il n'aime pas les chiens.

sich in jn verlieben	tomber amoureux de qn
in jn verliebt sein	être amoureux de qn
aus Liebe zu	par amour pour
vor/ziehen (o,o)	préférer
vermissen	regretter l'absence de
sich nach etw. sehnen	désirer ardemmment
die Sehnsucht	le désir ardent, la nostalgie
das Heimweh	le mal du pays
Heimweh haben	avoir le mal du pays
auf jn eifersüchtig sein	être jaloux de qn
die Eifersucht	la jalousie
leiden (i,i) (unter + A)	souffrir (de)
die Leidenschaft	la passion, l'ardeur
leidenschaftlich	passionné
jn nicht ausstehen können	ne pas pouvoir supporter qn
unausstehlich	insupportable
enttäuschen	décevoir
die Enttäuschung (en)	la déception
verachten	mépriser
die Verachtung	le mépris
der Haß	la haine
hassen	haïr
die Rache	la vengeance
sich rächen (an + D)	se venger (de)

Er ist der Liebling des Publikums.	Il est le chéri du public.
Ich vermisse meine Freunde.	Mes amis me manquent.
Er sehnt sich danach, sie zu sehen.	Il désire ardemment la voir.
Ich konnte ihn nie leiden.	Je n'ai jamais pu le supporter.
Dieses Kind ist unausstehlich.	Cet enfant est insupportable.

ANGST : *LA PEUR*

die Angst (¨e)	la peur
vor jm Angst haben	avoir peur de qn
Angst bekommen (a,o)	prendre peur
vor Angst zittern	trembler de peur
jm Angst machen	faire peur à qn
ängstlich	peureux
die Furcht	la crainte
sich vor jm fürchten	avoir peur de qn
furchtbar	terrible, affreux
beunruhigt sein	être inquiet

um jn Angst haben	avoir peur pour qn
voller Angst sein	être angoissé
der Schrecken	la frayeur
jn erschrecken	effrayer qn
erschrecken (a,o,i) (sein)	s'effrayer
schrecklich	effrayant
die Panik	la panique
in Panik geraten (ie,a,ä)	s'affoler
das Entsetzen	l'effroi, l'épouvante
entsetzt sein	être épouvanté
entsetzlich	épouvantable

Wir erschraken, als wir ihn sahen.	Nous fûmes effrayés en le voyant.
Die Nachricht erschreckte ihn.	La nouvelle l'effraya.

AUFREGUNG UND ÄRGER : *L'IRRITATION ET LA COLÈRE*

schlechter Laune sein	être de mauvaise humeur
der Ärger	la colère
jn ärgern	agacer qn
sich ärgern (über + A)	être agacé (par)
wütend	furieux
jn schimpfen	gronder qn
böse	fâché
jm / auf jn böse sein	en vouloir à qn

Du bist mir doch nicht böse? Tu ne m'en veux pas, au moins ?
Es ärgert mich, daß ich nichts gesagt habe. Cela me contrarie de n'avoir rien dit.
Der Lehrer schimpft den Schüler. Le professeur réprimande l'élève.
Ich ärgere mich über die schlechte Note. Cela m'agace d'avoir eu une mauvaise note.

sich aufregen	s'irriter
die Aufregung	l'irritation
aufgeregt sein	être irrité, excité
die Beherrschung verlieren (o,o)	perdre le contrôle de soi-même
die Wut	la colère, la rage
in Wut geraten (ie,a,ä) (sein)	se mettre en colère
jn beleidigen	offenser qn
der Zorn	la colère
zornig	en colère
entrüstet sein	être indigné
die Entrüstung	l'indignation

Ich will keinen Ärger. Je ne veux pas d'ennuis.
Ich war außer mir vor Wut. J'étais hors de moi (de colère).

ÜBERRASCHUNG : *LA SURPRISE*

die Überraschung	la surprise
überraschen	surprendre
überraschend	surprenant
sich wundern (über + A)	s'étonner (de)
wunderbar	magnifique
unglaublich	incroyable
seltsam, sonderbar	étrange

Das wundert mich nicht. Cela ne m'étonne pas.

staunen (über + A)	s'étonner (de)
das Erstaunen	l'étonnement
zu meinem großen Erstaunen	à mon grand étonnement
erstaunt sein	être étonné
erstaunlich	étonnant
merkwürdig	curieux
gespannt sein (auf + A)	être impatient (de savoir)
beeindruckt sein	être impressionné
verblüfft sein	être stupéfait
fassungslos	décontenancé
etw. nicht fassen können	ne pas pouvoir croire qc

Es ist nicht zu fassen! C'est incroyable !
Ich traute meinen Augen nicht. Je n'en croyais pas mes yeux.

GUTE UND SCHLECHTE EIGENSCHAFTEN
LES QUALITÉS ET LES DÉFAUTS

GUTE EIGENSCHAFTEN : *LES QUALITÉS*

die Eigenschaft (en)	la qualité
der Charakter	le caractère
das Benehmen	le comportement
sich benehmen (a,o,i)	se comporter
energisch	énergique
fleißig	travailleur
ernst	sérieux
freundlich	aimable
die Freundlichkeit	l'amabilité
nett	gentil
höflich	poli
die Höflichkeit	la politesse
mutig	courageux
der Mut	le courage
ruhig	calme
vorsichtig	prudent
die Vorsicht	la prudence
pünktlich	ponctuel
die Pünktlichkeit	la ponctualité

Bitte benimm dich korrekt!	Comporte-toi correctement, s'il te plaît !
Kannst du nicht ein bisschen freundlicher sein?	Ne peux-tu pas être un peu plus aimable ?
Seid vorsichtig! Es ist sehr viel Verkehr!	Soyez prudents ! Il y a énormément de circulation.

das Verhalten	la conduite
bescheiden	modeste
die Bescheidenheit	la modestie
großzügig	généreux
ehrgeizig	ambitieux
der Ehrgeiz	l'ambition
ehrlich	honnête
die Ehrlichkeit	l'honnêteté
gewissenhaft	consciencieux
geduldig	patient
die Geduld	la patience
hilfsbereit	serviable
offen	franc
selbständig	indépendant
die Selbständigkeit	l'indépendance
selbstbewusst	sûr de soi

verantwortungsbewusst	conscient de ses responsabilités	**zuverlässig**	sur qui on peut compter
vernünftig	raisonnable	**sich auf jn verlassen können**	pouvoir compter sur qn
die Vernunft	la raison		

Auf euch kann man sich nicht verlassen.	On ne peut pas compter sur vous.
Mit so viel Ehrgeiz wird er es zu etwas bringen.	Avec une pareille ambition, il réussira.
Hab doch ein bisschen Geduld mit ihm!	Aies donc un peu de patience avec lui !
Wie soll sie selbständig werden, wenn du alles für sie tust?	Comment veux-tu qu'elle devienne indépendante, alors que tu fais tout pour elle ?

SCHLECHTE EIGENSCHAFTEN : *LES DÉFAUTS*

böse	méchant	**neugierig**	curieux
dumm	bête	**die Neugier(de)**	la curiosité
faul	paresseux	**schüchtern**	timide
die Faulheit	la paresse	**stolz**	fier
frech	insolent	**der Stolz**	la fierté
die Frechheit	l'insolence	**unhöflich**	impoli
gemein	ignoble (F vache)		

Ihr könnt euch nicht vorstellen, wie gemein unser Mathelehrer ist!	Vous ne pouvez pas vous imaginer à quel point notre prof de math est vache !
Warum musst du immer so frech sein!	Pourquoi faut-il que tu sois toujours aussi insolent ?
Das ist gemein von dir!	C'est vache de ta part !

der Angeber (-)	le crâneur	**die Gleichgültigkeit**	l'indifférence
die Angeberin (nen)	la crâneuse	**hochmütig**	orgueilleux, hautain
egoistisch	égoïste	**der Hochmut**	l'orgueil
eigensinnig	entêté	**hochnäsig**	arrogant
eingebildet	imbu de soi-même	**leichtsinnig**	inconscient
feig(e)	lâche	**der Leichtsinn**	l'inconscience
die Feigheit	la lâcheté	**neidisch (auf + A)**	envieux (de)
der Feigling (e)	le lâche	**der Neid**	l'envie
geizig	avare	**scheinheilig**	hypocrite
der Geiz	l'avarice	**die Scheinheiligkeit**	l'hypocrisie
rücksichtslos	sans égards	**ungehorsam**	désobéissant
skrupellos	sans scrupules	**der Ungehorsam**	la désobéissance
gleichgültig	indifférent		

So ein Feigling!	Quel poltron !
Wie kann man nur so eingebildet sein!	Comment peut-on être aussi imbu de soi-même !

DIE KRANKHEIT UND IHRE BEHANDLUNG
LA MALADIE ET SON TRAITEMENT

DIE KRANKHEIT
LA MALADIE

gesund	en bonne santé
die Gesundheit	la santé
krank	malade
krank werden	tomber malade
der Kranke (adj. subst.)	le malade
schlimm ≠ leicht	grave ≠ bénin
müde	fatigué
nervös	nerveux
depressiv	dépressif
verrückt	fou
schwach	faible
blass	pâle
gut / schlecht aus/sehen	avoir bonne / mauvaise mine
das Fieber	la fièvre
der Schmerz (en)	la douleur
Kopfschmerzen haben	avoir mal à la tête
Halsschmerzen haben	avoir mal à la gorge
sich erkälten	prendre froid
die Erkältung	le refroidissement
der Schnupfen	le rhume
sich (D) die Nase putzen	se moucher
husten	tousser
der Husten	la toux
sich schneiden (i,i)	se couper
sich (D) das Bein brechen (a,o,i)	se casser la jambe
sich (D) weh/tun (a,a)	se faire mal
an einer Krankheit sterben (a,o,i)	mourir d'une maladie

Mir tut der Kopf weh.	J'ai mal à la tête.
Hast du dir wehgetan?	T'es-tu fait mal ?
Ich habe mir das Bein gebrochen.	Je me suis cassé la jambe.
Gesundheit!	A tes (vos) souhaits !
Gute Besserung!	Prompt rétablissement !
Es geht ihr besser.	Elle va mieux.
Ich wurde von einer Wespe gestochen.	J'ai été piqué par une guêpe.
Ich wurde von einem Hund gebissen.	J'ai été mordu par un chien.
Ich habe mich in den Finger geschnitten.	Je me suis coupé au doigt.

bleich	blême
schwer krank	gravement malade
(der) Krebs	le cancer
sich krank stellen	faire semblant d'être malade
sich verletzen	se blesser
der Verletzte (adj. subst.)	le blessé
die Verletzung (en), die Wunde (n)	la blessure
bluten	saigner
ohnmächtig werden	s'évanouir
bewusstlos	sans connaissance
behindert	handicapé
geistig behindert	handicapé mental
körperbehindert	handicapé physique
gelähmt	paralysé
der Rollstuhl (¨e)	le fauteuil roulant
ersticken (sein)	(s')étouffer
die Vergiftung	l'intoxication, l'empoisonnement
sich vergiften	s'intoxiquer, s'empoisonner

sich übergeben (a,e,i)	vomir
niesen	éternuer
der Stress	le stress
gestresst sein	être stressé
an Depressionen leiden (i,i)	faire de la dépression
die Schlaflosigkeit	l'insomnie
die Überarbeitung	le surmenage
überarbeitet sein	être surmené
die Verzweiflung	le désespoir
das Gedächtnis verlieren (o,o)	perdre la mémoire
geistesgestört sein	avoir l'esprit dérangé
der Zustand	l'état
sich verschlechtern	s'aggraver
sich verbessern	s'améliorer
sich von einer Krankheit erholen	se remettre d'une maladie

Le sida (voir le chapitre "Probleme unserer Zeit")

Mir ist schwindelig.	J'ai des vertiges.
Sein Gesundheitszustand hat sich verschlechtert.	Son état de santé a empiré.

DIE BEHANDLUNG : *LE TRAITEMENT*

der Arzt (¨e)	le médecin
der Zahnarzt	le dentiste
der Augenarzt	l'oculiste
einen Arzt rufen (ie,u)	appeler un médecin
einen Arzt holen	aller chercher un médecin
der Patient (en,en)	le patient, le malade
der Warteraum (¨e)	la salle d'attente
untersuchen	examiner
die Untersuchung (en)	l'examen
ab/nehmen (a,o,i)	perdre du poids
zu/nehmen (a,o,i)	prendre du poids
das Medikament (e)	le médicament
verschreiben (ie,ie)	prescrire
das Rezept (e)	l'ordonnance

im Krankenhaus liegen (a,e)	être hospitalisé
das Krankenhaus (¨er)	l'hôpital
sich operieren lassen	se faire opérer
die Besuchszeit (en)	les heures de visite
die Krankenschwester (n)	l'infirmière
der Krankenwagen (-)	l'ambulance
die Apotheke (n)	la pharmacie
der Apotheker (-)	le pharmacien
die Tablette (n)	le cachet
der Hustensaft (¨e)	le sirop pour la toux

Was fehlt Ihnen?	Qu'est-ce qui ne va pas ?
Wie geht es deinem Großvater?	Comment va ton grand-père ?
Danke. Es geht ihm besser.	Merci. Il va mieux.
Er hat vier Kilo abgenommen.	Il a maigri de quatre kilos.
Dieses Medikament wird Ihnen gut tun.	Ce médicament vous fera du bien.

die Praxis (xen)	le cabinet
die Sprechstunde (n)	les heures de consultation
der Hausarzt (¨e)	le médecin de famille
der praktische Arzt	le médecin généraliste
der Facharzt	le spécialiste
der Frauenarzt	le gynécologue
der Kinderarzt	le pédiatre
der Termin (e)	le rendez-vous
einen Termin aus/machen	convenir d'un rendez-vous
der Chirurg (en,en)	le chirurgien
ab/horchen	ausculter
behandeln	traiter
die Behandlung (en)	le traitement
die Impfung (en)	la vaccination
impfen	vacciner
eine Spritze geben (a,e,i)	faire une piqûre
der Gips	le plâtre
jn krank/schreiben (ie,ie)	mettre qn en congé de maladie
die Karies	la carie
einen Zahn ziehen (o,o)	arracher une dent
die Plombe, die Füllung	le plombage
schwanger	enceinte
die Schwangerschaft	la grossesse
die Abtreibung (en)	l'avortement
abtreiben (ie,ie)	avorter
die Pille (n)	la pilule
das Verhütungsmittel (-)	le moyen contraceptif
das Kondom (e)	le préservatif
das Beruhigungsmittel (-)	le calmant
das Schlafmittel (-)	le somnifère
sich beruhigen	se calmer
ein/nehmen (a,o,i)	prendre (un médicament)
der Tropfen (-)	la goutte
die Krankenversicherung (en)	l'assurance maladie
die Krankenkasse (n)	la caisse maladie
der Krankenschein (e)	la feuille de maladie
versichert sein	être assuré
die Kosten ersetzen	rembourser les frais

Sind Sie angemeldet?	Avez-vous pris rendez-vous ?
Weißt du, wann Dr. Böhm Sprechstunde hat?	Connais-tu les heures de consultation du docteur Böhm ?
Ich habe um zehn Uhr einen Termin beim Zahnarzt.	J'ai rendez-vous chez le dentiste à dix heures.
Er hat mir einen Weisheitszahn gezogen.	Il m'a arraché une dent de sagesse.

ESSEN UND TRINKEN
MANGER ET BOIRE

der Hunger	la faim
Hunger haben	avoir faim
hungrig sein	avoir faim
essen (a,e,i)	manger
jm gut schmecken	plaire à qn
der Appetit	l'appétit
der Durst	la soif
Durst haben	avoir soif
trinken (a,u)	boire
aus einem Glas trinken	boire dans un verre
aus der Flasche trinken	boire à la bouteille
sein Glas aus/trinken	vider son verre
die Mahlzeit (en)	le repas
das Frühstück	le petit déjeuner
frühstücken	prendre son petit déjeuner
das Mittagessen	le repas de midi
zu Mittag essen	déjeuner
das Abendessen	le dîner
zu Abend essen	dîner
die Vorspeise (n)	le hors d'oeuvre
das Hauptgericht (e)	le plat principal
die Nachspeise (n) / der Nachtisch	le dessert

DIE NAHRUNGSMITTEL : *LES ALIMENTS*

das Getränk (e)	la boisson
das Wasser	l'eau
der Sprudel (-)	l'eau gazeuse
der Saft (¨e)	le jus
der Orangensaft	le jus d'orange
der Apfelsaft	le jus de pomme
die Milch	le lait
der Kaffee	le café
der Kakao	le chocolat
der Tee	le thé
der Wein (e)	le vin
der Rotwein (e)	le vin rouge
der Weißwein (e)	le vin blanc
das Bier	la bière
ein helles Bier	une bière blonde
der Champagner	le champagne
das Fleisch	la viande
das Rindfleisch	la viande de boeuf
das Schweinefleisch	le porc
das Kalbfleisch	le veau
das Geflügel	la volaille
das Hähnchen (-)	le poulet
das Ei (er)	l'oeuf
die Wurst (¨e)	la saucisse
der Schinken (-)	le jambon
der Fisch (e)	le poisson
die Forelle (n)	la truite
der Thunfisch (e)	le thon
der Lachs (e)	le saumon

fett ≠ mager	gras ≠ maigre
zäh ≠ zart	dur ≠ tendre
das Gemüse	les légumes
die Kartoffel (n)	la pomme de terre
die Karotte (n)	la carotte
die Erbsen	les petits pois
grüne Bohnen	des haricots verts
die Tomate (n)	la tomate
der Blumenkohl	le chou-fleur
der Salat (e)	la salade
der Spinat	les épinards
der Pilz (e)	le champignon
die Zwiebel (n)	l'oignon
der Knoblauch	l'ail
das Brot	le pain
das Brötchen (-)	le petit pain
der Kuchen (-)	le gâteau
der Keks (e)	le biscuit
der Reis	le riz
die Nudeln	les pâtes
der Zucker	le sucre
das Salz	le sel

der Pfeffer	le poivre
die Butter	le beurre
der Käse	le fromage
der Joghurt (s)	le yaourt
das Eis	la glace
die Marmelade (n)	la confiture
die Schokolade (n)	le chocolat
das Obst	les fruits
der Apfel (¨)	la pomme
die Kirsche (n)	la cerise
die Erdbeere (n)	la fraise
die Himbeere (n)	la framboise
die Banane (n)	la banane
die Orange (n)	l'orange
die Birne (n)	la poire
die Weintraube (n)	le raisin
die Zitrone (n)	le citron
sauer	acide
bitter	amer
köstlich	délicieux
verfault	pourri
saftig	juteux

Schokolade macht dick.	Le chocolat fait grossir.
Magst du Fisch?	Tu aimes le poisson ?
Es gibt nichts Besseres als Erdbeeren mit viel Schlagsahne.	Rien n'est meilleur que les fraises avec beaucoup de crême Chantilly.

vor Hunger sterben (a,o,i)	mourir de faim
sich satt essen	manger à sa faim
die Nahrung	la nourriture
die Tiefkühlkost	les produits surgelés
ein/frieren (o,o)	surgeler
auf/tauen	dégeler

EINE ABMAGERUNGSKUR MACHEN
SUIVRE UN RÉGIME

die Abmagerungskur (en)	la cure d'amaigrissement
ab/nehmen (a,o,i)	maigrir
zu/nehmen	grossir
das Gewicht	le poids
wiegen (o,o)	peser
durch/halten (ie,a,ä)	tenir bon
wirken	être efficace
die Figur	la ligne, la silhouette
eine gute Figur haben	avoir une jolie silhouette
mollig	un peu rondelet
schlank	mince

Achte auf dein Gewicht!	Fais attention à ton poids !
Wieg dich täglich, immer zur selben Zeit!	Pèse-toi tous les jours, toujours à la même heure.
In den Ferien habe ich drei Kilo zugenommen.	Pendant les vacances j'ai grossi de trois kilos.

WOHNEN
L'HABITATION

das Viertel (-)	le quartier
der Vorort (e)	la banlieue
am Stadtrand wohnen	habiter à la périphérie d'une ville
in der Stadtmitte wohnen	habiter au centre ville
auf dem Land wohnen	habiter à la campagne
um/ziehen (zog, gezogen) (sein)	déménager
ein/ziehen (sein)	emménager
aus/ziehen (sein)	quitter un logement
der Umzug (¨e)	le déménagement
der Umzugswagen (-)	le camion de déménagement
ein/packen	emballer
aus/packen	déballer
das Haus (¨er)	la maison
bauen	construire
der Garten (¨)	le jardin
der Zaun (¨e)	la clôture
die Terrasse (n)	la terrasse
der Hof (¨e)	la cour
die Garage (n)	le garage
gehen auf (+ A)	donner sur
die Wohnung (en)	l'appartement
der Parkplatz (¨e)	le parking
der Keller (-)	la cave
das Erdgeschoss (e)	le rez-de-chaussée
der Stock (Stockwerke)	l'étage
die Treppe (n)	l'escalier
die Treppe hinauf/gehen (sein)	monter l'escalier
die Treppe hinunter/gehen (sein)	descendre l'escalier
die Stufe (n)	la marche
der Aufzug (¨e)	l'ascenseur
der Balkon (s)	le balcon
der Dachboden (¨)	le grenier
die Mauer (n)	le mur
die Wand (¨e)	la cloison
die Decke (n)	le plafond
der Fußboden (¨)	le plancher
das Dach (¨er)	le toit

der Schornstein (e)	la cheminée
das Fenster (-)	la fenêtre
die Scheibe (n)	la vitre
der Fensterladen (¨)	le volet
die Haustür (en)	la porte d'entrée
die Klingel (n)	la sonnette
klingeln	sonner
an die Tür klopfen	frapper à la porte
der Schlüssel (-)	la clé
auf/schließen (o,o)	ouvrir (clé)
ab/schließen, zu/schließen	fermer à clé
auf/machen / öffnen	ouvrir
offen / auf	ouvert
zu/machen / schließen	fermer
geschlossen / zu	fermé
das Licht	la lumière
an/machen ≠ aus/machen	allumer ≠ éteindre
das Zimmer (-)	la pièce
das Wohnzimmer (-)	la salle de séjour
der Sessel (-)	le fauteuil
das Sofa (s)	le canapé
die Sitzgruppe (n)	l'ensemble salon
bequem	confortable
gemütlich	agréable, chaleureux
das Regal (e)	l'étagère
der Teppich (e)	le tapis
der Teppichboden (¨)	la moquette

der Vorhang (¨e)	le rideau
der Store (s)	le voile
das Bild (er)	le tableau
der Kamin (e)	la cheminée
das Feuer	le feu
brennen (brannte, gebrannt)	brûler
das Holz	le bois
der Rauch	la fumée
rauchen	fumer
das Esszimmer (-)	la salle à manger
die Essecke (n)	le coin repas
der Stuhl (¨e)	la chaise
der Tisch (e)	la table
das Schlafzimmer (-)	la chambre
das Kinderzimmer	la chambre d'enfant
das Gästezimmer	la chambre d'amis
das Bett (en)	le lit
die Matraze (n)	le matelas
der Nachttisch (e)	la table de nuit
die Nachttischlampe (n)	la lampe de chevet
das Kopfkissen (-)	l'oreiller
die Zudecke (n)	la couette
die Decke (n)	la couverture
sich zu/decken	se couvrir
die Bettwäsche	les draps
der Kleiderschrank (¨e)	l'armoire
schlafen (ie,a,ä)	dormir
ein/schlafen (sein)	s'endormir
sich aus/ruhen	se reposer
träumen	rêver
der Traum (e)	le rêve
müde	fatigué
wach	éveillé
auf/wachen (sein)	se réveiller
die Küche (n)	la cuisine
praktisch	pratique
der Küchenschrank (¨e)	le placard de cuisine
die Schublade (n)	le tiroir
das Becken (-)	l'évier
der Müll, der Abfall (¨e)	les déchets
der Herd (e)	la cuisinière
der Elektoherd	la cuisinière électrique
der Gasherd	la gazinière
das Backrohr (e)	le four
die Mikrowelle	le micro-ondes
der Kühlschrank (¨e)	le réfrigérateur
der Gefrierschrank (¨e)	le congélateur
die Geschirrspülmaschine (n)	le lave-vaisselle
das Geschirr	la vaisselle
der Teller (-)	l'assiette
die Tasse (n)	la tasse
die Schüssel (n)	le saladier
das Glas (¨er)	le verre
die Flasche (n)	la bouteille
der Topf (¨e)	la casserole
die Pfanne (n)	la poêle
das Besteck	le couvert
der Löffel (-)	la cuillère
die Gabel (n)	la fourchette
das Messer (-)	le couteau
schneiden (i,i)	couper
der Korkenzieher (-)	le tire-bouchon
der Dosenöffner (-)	l'ouvre-boîte
das Badezimmer, das Bad	la salle de bains
das Waschbecken (-)	le lavabo
der Wasserhahn (¨e)	le robinet
den Hahn auf/drehen / zu/drehen	ouvrir / fermer le robinet
das warme / kalte Wasser	l'eau chaude / froide
Wasser laufen lassen	faire couler de l'eau
die Badewanne (n)	la baignoire
die Dusche (n)	la douche
der Flur (e)	l'entrée
die Toilette (n), das Klo (s)	les toilettes
auf die Toilette gehen	aller aux toilettes

Die Küche geht auf die Straße.	La cuisine donne sur la rue.
Er wohnt im dritten Stock.	Il habite au troisième étage.
Ein Fenster ist noch auf (offen).	Une fenêtre est encore ouverte.
Alle Fenster sind zu.	Toutes les fenêtres sont fermées.
Bitte die Tür schließen!	Prière de fermer la porte !

HAUSARBEITEN : *LES TRAVAUX MÉNAGERS*

kochen	faire la cuisine
einen Kuchen backen (backte,gebacken)	faire cuire un gâteau
braten (ie,a,ä)	rôtir
schälen	peler
den Tisch decken	mettre le couvert
den Tisch ab/räumen	débarrasser la table
den Tisch ab/wischen	essuyer la table
die Tischdecke (n)	la nappe
das Geschirr spülen	faire la vaisselle
ab/trocknen	essuyer
das Geschirr weg/räumen	ranger la vaisselle
die Putzfrau (en)	la femme de ménage
sauber ≠ schmutzig	propre ≠ sale
sauber machen	nettoyer
putzen	laver
der Eimer (-)	le seau
der Staub	la poussière
Staub wischen	enlever la poussière
der Staubsauger (-)	l'aspirateur
Staub saugen	passer l'aspirateur
der Besen (-)	le balai
kehren	balayer
auf/räumen	ranger
die Ordnung	l'ordre
die Unordnung	le désordre
ordentlich	en ordre
unordentlich	en désordre
die Wäsche	le linge
Wäsche waschen (u,a,ä)	laver le linge
die Waschmaschine (n)	le lave-linge
der Trockner (-)	le sèche-linge
trocken ≠ naß	sec ≠ mouillé
trocknen	sécher
bügeln	repasser
das Bügeleisen (-)	le fer à repasser
nähen	coudre
das Loch (¨er)	le trou
der Mülleimer (-)	la poubelle
leeren	vider
leer ≠ voll	vide ≠ plein
der Aschenbecher (-)	le cendrier

DER IMMOBILIENMARKT : *LE MARCHÉ IMMOBILIER*

der Immobilienmakler (-)	l'agent immobilier
mieten	louer
der Mieter (-)	le locataire
die Miete (n)	le loyer
steigen (ie,ie) (sein)	augmenter
die Miete erhöhen	augmenter le loyer
die Mieterhöhung (en)	l'augmentation de loyer
vermieten	donner en location
der Vermieter (-)	le propriétaire
die Heizung	le chauffage
jn hinaus/werfen (a,o,i)	mettre qn dehors
ein Haus besetzen	occuper une maison
die Hausbesetzung (en)	le squattering
die Umgebung	les environs
eine gute Wohngegend	un bon quartier
eine unsichere Wohngegend	un quartier peu sûr
die Unsicherheit	l'insécurité
jn überfallen (ie,a,ä)	agresser qn
der Überfall (¨e)	l'agression
jn belästigen	importuner qn

FÜR DEN HEIMWERKER : *POUR LE BRICOLEUR*

basteln	bricoler
das Werkzeug	les outils
der Hammer (¨)	le marteau
der Nagel (¨)	le clou
schlagen (u,a,ä)	taper
das Holz	le bois
die Säge (n)	la scie
sägen	scier
die Leiter (n)	l'échelle
auf eine Leiter steigen (ie,ie)	monter sur une échelle
der Pinsel (-)	le pinceau
die Farbe (n)	la peinture
streichen (i,i)	peindre
die Tapete (n)	le papier peint
tapezieren	tapisser
der Schalter (-)	l'interrupteur
die Steckdose (n)	la prise

DIE FAMILIE
LA FAMILLE

die Eltern	les parents
der Vater (¨)	le père
die Mutter (¨)	la mère
das Baby (s)	le bébé
das Kind (er)	l'enfant
das Einzelkind (er)	l'enfant unique
der Sohn (¨e)	le fils
die Tochter (¨)	la fille
die Geschwister	les frères et soeurs
der Junge (n,n)	le garçon
das Mädchen (-)	la fille
der Bruder (¨)	le frère
die Schwester (n)	la soeur
die Zwillinge	les jumeaux
der Mann (¨er)	le mari
die Frau (en)	la femme
die Großmutter (¨)	la grand-mère
der Großvater (¨)	le grand-père
die Urgroßeltern	les arrière-grands parents

der Onkel (-)	l'oncle
die Tante (n)	la tante
der Vetter (n), der Cousin (s)	le cousin
die Kusine (n)	la cousine
der Neffe (n,n)	le neveu
die Nichte (n)	la nièce
jm ähnlich sehen (a,e,ie), jm ähneln	ressembler à qn

Wie alt bist du? - Ich bin elf.	Quel âge as-tu ? - J'ai onze ans.
Er ähnelt seiner Mutter.	Il ressemble à sa mère.

das Familienmitglied (er)	le membre de la famille
verwandt sein (mit)	être parent (avec)
der Verwandte (adj. subst.)	le parent
die Verwandtschaft	la famille (au sens large)
der Enkel (-)	le petit-fils
die Enkelin (nen)	la petite-fille
der Schwiegervater (¨)	le beau-père

die Schwiegermutter (¨)	la belle-mère
der Schwager (¨)	le beau-frère
der Stiefvater (¨)	le beau-père (père adoptif)
das Adoptivkind (er)	l'enfant adopté
adoptieren	adopter
der Geburtenrückgang	le recul des naissances
die Tagesmutter (¨)	la gardienne, la nourrice

Sie ist mit mir verwandt.	C'est une parente.
Er ist ein Verwandter von mir.	C'est un parent à moi.
Wir sind entfernt miteinander verwandt.	Nous sommes des parents éloignés.

FAMILIENEREIGNISSE : *LES ÉVÉNEMENTS FAMILIAUX*

sich verlieben (in + A)	tomber amoureux (de qn)
sich mit jm verloben	se fiancer avec qn
sich mit jm verheiraten	se marier avec qn
verheiratet sein	être marié
jn heiraten	épouser qn
die Hochzeit (en)	le mariage
auf eine Hochzeit gehen	aller à un mariage
die Hochzeitsreise (n)	le voyage de noces
der Geburtstag (e)	l'anniversaire
jm zum Geburtstag gratulieren	souhaiter un bon anniversaire à qn
feiern	fêter
das Fest (e)	la fête
das Familienfest (e)	la fête de famille
das Geschenk (e)	le cadeau
der Muttertag, der Vatertag	la fête des Mères, des Pères
sich gut verstehen	bien s'entendre

Sie ist (im Jahre) 1978 geboren.	Elle est née en 1978.
Ich bin heute zwanzig geworden.	J'ai vingt ans aujourd'hui.
Ich gratuliere Ihnen zum Geburtstag.	Je vous souhaite un bon anniversaire.
Alles Gute zum Geburtstag!	Bon anniversaire !
Heute ist mein Namenstag.	Aujourd'hui c'est ma fête.

ledig, unverheiratet	célibataire
der Junggeselle (n,n)	le célibataire
Liebe auf den ersten Blick	le coup de foudre
Händchen halten (ie,a,ä)	se tenir par la main
jn umarmen	serrer qn dans ses bras
küssen	embrasser
der Kuss (¨e)	le baiser
ein fester Freund	un ami attitré
mit jm gehen	sortir avec qn
die Braut (¨e)	la mariée
der Bräutigam (e)	le marié
das Ehepaar (e)	le couple marié
der Ehemann (¨er)	l'époux
die Ehefrau (en)	l'épouse
die Ehe (n)	le mariage (institution)
das Eheleben	la vie conjugale
die Geburt	la naissance
ein Kind erwarten	attendre un enfant
schwanger	enceinte
die Schwangerschaft (en)	la grossesse
ein Kind auf die Welt bringen	mettre un enfant au monde
eine Familie gründen	fonder une famille
eine kinderreiche Familie	une famille nombreuse
kinderlos	sans enfants
der Ältere (adj. subst.)	l'aîné (de deux)
der Älteste (adj. subst.)	l'aîné (de plusieurs)
der Jüngere (adj. subst.)	le cadet (de deux)
der Jüngste (adj. subst.)	le cadet (de plusieurs)
die Taufe (n)	le baptême
taufen	baptiser
der Pate (n, n)	le parrain
die Patin (nen)	la marraine
von jm abhängig sein	être dépendant de qn
die Unabhängigkeit	l'indépendance
treu ≠ untreu	fidèle ≠ infidèle
die Treue	la fidélité
eifersüchtig	jaloux
die Eifersucht	la jalousie
sich streiten (i,i)	se disputer
der Streit	la dispute
sich trennen	se séparer
die Trennung (en)	la séparation
getrennt leben	vivre séparément
sich scheiden lassen	divorcer
geschieden sein	être divorcé
die Scheidung (en)	le divorce
das Sorgerecht	le droit de garde
eine allein stehende Mutter	une mère célibataire
eine allein stehende Frau	une femme seule

der Tod	la mort
sterben (a,o,i) (sein)	mourir
an einer Krankheit sterben	mourir d'une maladie
tot	mort
der Tote (adj. subst.)	le mort
ums Leben kommen (sein)	périr
sich das Leben nehmen	se suicider
der Selbstmord	le suicide
Selbstmord begehen (i,a)	commettre un suicide
seinem Leben ein Ende setzen	mettre fin à sa vie
sich um/bringen	se tuer
die Beerdigung	l'enterrement
beerdigen	enterrer
das Grab (¨er)	la tombe
der Friedhof (¨e)	le cimetière
die Witwe (n)	la veuve
der Witwer (-)	le veuf
das Waisenkind (er)	l'orphelin
das Erbe	l'héritage
der Erbe (n,n)	l'héritier
die Erbin (nen)	l'héritière
etw. von jm erben	hériter qc de qn

Ich komme aus einer kinderreichen Familie.	Je viens d'une famille nombreuse.
Er ist bei einem Unfall ums Lebens gekommen.	Il est mort dans un accident.

prétérit - p.p. II - prést

DIE ELTERN-KIND-BEZIEHUNG
LES RELATIONS PARENTS-ENFANTS

groß werden, wachsen (u,a,ä) (sein)	grandir
der Erwachsene (adj. subst.)	l'adulte
der Jugendliche (adj. subst.)	l'adolescent
erziehen (erzog, erzogen)	éduquer, élever
die Erziehung	l'éducation
sich benehmen	se comporter
das Benehmen	le comportement
frech	insolent
brav	sage
streng	sévère
schimpfen	gronder
sich mit jm streiten (i,i)	se disputer avec qn
verbieten (o,o)	interdire
das Verbot (e)	l'interdiction
die Strafe (n)	la punition
strafen	punir
schlagen (u,a,ä)	battre
zu weit gehen	aller trop loin
von zu Hause aus/reißen (i,i) (sein)	faire une fugue
erlauben	permettre
die Erlaubnis	la permission
verwöhnen	gâter
sich mit jm gut / schlecht verstehen	bien / mal s'entendre avec qn

Er ist schon mehrmals von zu Hause ausgerissen.	Il a fait plusieurs fois une fugue.
Bist du aber gewachsen!	Que tu as grandi !
Du bist zu weit gegangen. Du hast deine Strafe verdient.	Tu es allé trop loin. Tu as mérité ta punition.
Ich habe mich immer gut mit ihm verstanden.	Je me suis toujours bien entendu avec lui.

die Beziehung, das Verhältnis (zu)	les relations avec qn
gespannt	tendu
autoritär	autoritaire
die Autorität	l'autorité
vor/werfen (a,o,i)	reprocher
der Vorwurf (¨e)	le reproche
Vorwürfe machen	faire des reproches
die Auseinandersetzung (en)	la dispute
jm drohen	menacer qn
die Drohung (en)	la menace
befehlen (a,o,ie)	ordonner
der Befehl (e)	l'ordre
zwingen (a,u)	forcer
jn an/brüllen	crier contre qn
die Ohrfeige (n)	la gifle
ohrfeigen	gifler
nach/geben	céder
nachgiebig	indulgent
die Geduld	la patience
mit jm Geduld haben	avoir de la patience avec qn
das Verständnis	la compréhension
Verständnis zeigen	montrer de la compréhension
verständnisvoll	compréhensif
jm vertrauen	faire confiance à qn

das Vertrauen	la confiance
sich jm an/vertrauen	se confier à qn
verschlossen	renfermé
reif ≠ unreif	mûr ≠ immature
die Reife	la maturité
der Konflikt (e)	le conflit
sich gegen jn auf/lehnen	se révolter contre qn
ungezogen	insolent
unerträglich	insupportable
aus/halten (ie,a,ä)	supporter
sich (D) alles gefallen lassen	se laisser faire
sich (D) nichts gefallen lassen	ne pas se laisser faire
sich weigern etw. zu tun	refuser de faire qc
jm widersprechen	contredire qn
gehorchen	obéir
der Gehorsam	l'obéissance
gehorsam	obéissant
von jm abhängig sein	être dépendant de qn
selbständig werden	devenir indépendant
mit jm einverstanden sein	être d'accord avec qn
die Verantwortung	la responsabilité
Verantwortung übernehmen	prendre des responsabilités
zu/geben	admettre, reconnaître

Was werfen sie dir eigentlich vor?	Que te reprochent-ils au juste ?
Du darfst dir nicht immer alles gefallen lassen!	Tu ne dois pas te laisser faire tout le temps !
Gib zu, dass du manchmal sehr unerträglich sein kannst!	Reconnais que tu peux être parfois insupportable !

parfait, prêté, présent

FREUNDSCHAFTLICHE BEZIEHUNGEN
LES RELATIONS AMICALES

der Freund (e)	l'ami
die Freundin (nen)	l'amie
der Schulfreund (e)	le camarade de classe
die Clique (n)	la bande (de copains)
freundlich	aimable
nett	gentil
sympathisch	sympatique
der Nachbar (n,n)	le voisin
die Nachbarin (nen)	la voisine
jn kennen lernen	faire la connaissance de qn
jn treffen (a,o,i), jm begegnen (sein)	rencontrer qn
zufällig	par hasard
begleiten	accompagner
zusammen	ensemble
jn mit/nehmen	emmener qn
jn ab/holen	aller chercher qn
ein/laden (zu) (u,a,ä)	inviter (à)
jn auf ein Glas einladen	inviter qn à prendre un verre
die Einladung (en)	l'invitation
jn besuchen	rendre visite à qn
der Besuch (e)	la visite
Besuch haben	avoir de la visite
bei jm zu Besuch sein	être en visite chez qn
Besuch bekommen (a,o)	recevoir de la visite
grüßen	saluer
jn begrüßen	saluer qn
höflich	poli
die Hand geben	donner la main
angenehm!, freut mich!	enchanté !
etw. mit/bringen	apporter qc

das Geschenk (e)	le cadeau
der Blumenstrauß (¨e)	le bouquet de fleurs
Platz nehmen	prendre place
sich an den Tisch setzen	s'asseoir à table
miteinander reden	parler ensemble
sich langweilen	s'ennuyer
langweilig	ennuyeux

Du kannst ruhig "du" zu mir sagen.	Tu peux me tutoyer.
Darf ich Sie zu einem Bier einladen?	Puis-je vous inviter à prendre une bière ?
Wo treffen wir uns?	Où nous retrouvons-nous ?
Vielen Dank für den schönen Abend.	Merci pour cette charmante soirée.
Ich habe mich gut unterhalten.	Je me suis beaucoup amusé.
Stört es Sie, wenn ich rauche?	Cela vous dérange-t-il que je fume ?

der Bekannte **(adj. subst.)**	la connaissance (personne)
befreundet sein	être amis
ein enger Freund	un ami intime
die Freundschaft	l'amitié
Freundschaft schließen (o,o)	se lier d'amitié
freundschaftlich	amical
duzen	tutoyer
siezen	vouvoyer
jn gern mögen	bien aimer qn
sich mit jm gut verstehen	bien s'entendre avec qn
sich auf jn verlassen	se fier à qn
jm vertrauen	faire confiance à qn
das Vertrauen (in jn)	la confiance (en qn)
sich jm anvertrauen	se confier à qn
die Verabredung (en)	le rendez-vous
sich mit jm verabreden	donner rendez-vous à qn
mit jm verabredet sein	avoir rendez-vous avec qn
der Treffpunkt (e)	le lieu de rendez-vous
etw. ab/machen	convenir de qc
zu/sagen	donner son accord
ab/sagen	refuser
bei jm vorbei/kommen	passer voir qn
der Gast (¨e)	l'invité
der Gastgeber (-)	l'hôte
die Gastgeberin (nen)	l'hôtesse
empfangen (i,a,ä)	accueillir
jn willkommen heißen (ie,ei)	souhaiter la bienvenue à qn
sich vorstellen	se présenter
jm die Hand reichen	tendre la main à qn
den Mantel ab/legen	enlever le manteau
jn an/sprechen (a,o,i)	s'adresser à qn
an/bieten (o,o)	offrir
zu trinken anbieten	offrir à boire
zum Wohl! / Prost!	à votre santé !
sich unterhalten (ie,a,ä)	causer, bavarder
die Unterhaltung (en)	la conversation
das Gespräch (¨e)	la conversation
teil/nehmen (an + D)	prendre part (à)
auf/fallen (sein)	se faire remarquer
das Gerücht (e)	la rumeur
ein Gerücht verbreiten	répandre une rumeur
klatschen	cancaner
die Klatschtante (n)	la commère
die Stimmung	l'ambiance
ausgeschlossen sein	être exclu
sich verabschieden	prendre congé
sich bei jm bedanken	remercier qn
winken	faire des signes de la main
jm zu/winken	faire un signe de la main à qn

Er ist ein Freund von mir.	C'est un ami à moi.
Ich kann ihn überhaupt nicht leiden.	Je ne l'aime pas du tout.
Wir sind alte Bekannte.	Nous sommes de vieilles connaissances.
Ich komme bei dir vorbei, wenn ich in der Nähe bin.	Je passerai te voir si je suis dans les environs.
Darf ich Ihnen meine Tochter vorstellen?	Puis-je vous présenter ma fille ?
Seien Sie (seid) herzlich willkommen!	Soyez les bienvenus !
Was darf ich dir zu trinken anbieten?	Qu'est-ce que je peux t'offrir à boire ?
Wir haben uns schon immer gut verstanden.	Nous nous sommes toujours bien entendus.

DAS BILDUNGSWESEN
LE SYSTÈME ÉDUCATIF

DIE SCHULE : *L'ÉCOLE*

die Grundschule (n)	l'école primaire
das Gymnasium (ien)	le lycée
der Schulanfang	la rentrée
das Klassenzimmer (-)	la salle de classe
das Lehrerzimmer	la salle des professeurs
der Musiksaal (säle)	la salle de musique
der Turnsaal	la salle de gymnastique
die Turnhalle (n)	le gymnase
der Schulhof (¨e)	la cour de l'école
die Pause (n)	la récréation
die Stunde (n)	le cours
der Stundenplan (¨e)	l'emploi du temps
das Fach (¨er)	la matière
das Lieblingsfach	la matière préférée
das Wahlfach (¨er)	la matière à option
Deutsch (das)	l'allemand
Englisch (das)	l'anglais
Französisch (das)	le français
Geschichte (die)	l'histoire
Erdkunde (die)	la géographie
Wirtschaft (die)	l'économie
Mathematik (die)	les mathématiques
Chemie (die)	la chimie
Physik (die)	la physique
Musik (die)	la musique
Kunst (die)	les arts plastiques
Sport (der)	le sport
Biologie (die)	la Biologie
Religion (die)	l'instruction religieuse
Ethik (die)	l'éthique
der Platz (¨e)	la place
die Tafel (n)	le tableau
an die Tafel schreiben (ie,ie)	écrire au tableau
die Tafel ab/wischen	essuyer le tableau
der Schwamm (¨e)	l'éponge
die Kreide	la craie
das Stück Kreide	le morceau de craie
die Landkarte (n)	la carte géographique

die Schulsachen	le matériel scolaire
der Schulranzen (-) / die Schultasche (n)	le cartable
das Schulbuch (¨er)	le livre scolaire
das Heft (e)	le cahier
der Füller (-)	le stylo (à encre)
der Kugelschreiber (-)	le stylo à bille
der Bleistift (e)	le crayon
der Spitzer (-)	le taille-crayon
der Radiergummi (s)	la gomme
aus/radieren	gommer
die Tinte (n)	l'encre
der Tintenklecks (e)	la tache d'encre
der Tintenkiller (-)	l'effaceur
die Patrone (n)	la cartouche
die Feder (n)	la plume
der Malkasten (¨)	la boîte de peintures
der Pinsel (-)	le pinceau
malen	peindre
zeichnen	dessiner
der Zirkel (-)	le compas
das Lineal (e)	la règle
der Taschenrechner (-)	la calculatrice
der Kleber (-)	la colle
kleben	coller

parfait/prêté/prest

DIE LEHRKRÄFTE : *LES ENSEIGNANTS*

der Deutschlehrer (-)	le professeur d'allemand
der Geschichtslehrer	le professeur d'histoire
der Mathelehrer	le professeur de math
erklären	expliquer
Arbeiten korrigieren	corriger des copies
benoten	noter
streng	sévère
gerecht ≠ ungerecht	juste ≠ injuste
gemein	vache
nett	gentil

Welcher Lehrer ist der netteste?	Quel professeur est le plus gentil ?
Welchen findest du am gemeinsten? / am ungerechtesten?	Lequel trouves-tu le plus vache ? / le plus injuste ?
Wer gibt am meisten auf?	Qui donne le plus de travail ?

der Grundschullehrer (-)	l'instituteur
der Schulleiter (-)	le proviseur
unterrichten	enseigner
unnachgiebig	intransigeant
verständig	compréhensif
stur	entêté
nicht mit sich reden lassen	être intraitable
kein Verständnis zeigen	ne pas montrer de compréhension
ermutigen	encourager
entmutigen	décourager
viel verlangen	être exigeant

DIE SCHÜLER : *LES ÉLÈVES*

der Schüler (-)	l'élève
zu spät kommen	arriver en retard
die Schule schwänzen	faire l'école buissonnière
das Benehmen	la conduite
sich gut / schlecht benehmen (a,o,i)	se conduire bien / mal
auf/passen	faire attention
fehlen	être absent
fleißig	travailleur, appliqué
faul	paresseux
klug, intelligent	intelligent
dumm	bête
schwach	faible
besser werden (sein)	s'améliorer
schlechter werden	baisser
die Hausaufgabe (n)	le devoir
wiederholen	réviser
auswendig lernen	apprendre par coeur
das Zeugnis (se)	le bulletin
die Note (n)	la note
befriedigend (3)	satisfaisant
ausreichend (4)	passable
mangelhaft (5)	médiocre
ungenügend (6)	insuffisant
der Durchschnitt	la moyenne
sitzen bleiben (sein)	redoubler
eine Prüfung machen	passer un examen
schriftlich	(par) écrit
mündlich	oral
eine Prüfung bestehen (a,a)	réussir à un examen
bei einer Prüfung durch/fallen (sein)	échouer à un examen
das Abitur	le baccalauréat
die Ferien	les vacances
die Weihnachtsferien	les vacances de Noël
die Osterferien	les vacances de Pâques

Morgen ist schulfrei.	Il n'y a pas classe demain.
Wann habt ihr aus?	Jusqu'à quelle heure avez-vous cours ?
Die Schule ist aus.	La classe est finie.
Was für Stunden hast du heute?	Quels cours as-tu aujourd'hui ?
In Geschichte haben wir immer viel auf.	Nous avons toujours beaucoup de travail à faire en histoire.

schwätzen, quatschen	bavarder
kindisch	puéril
der Angeber (-)	le crâneur, le vantard
an/geben	crâner, se vanter
ausgezeichnet	excellent
gewissenhaft	conscientieux
sich Mühe geben, sich bemühen	se donner de la peine
sich an/strengen	faire un effort
sich verbessern	s'améliorer
sich verschlechtern	baisser
die Nachhilfestunde (n)	le cours particulier
von jm ab/schreiben	copier sur qn
der Spickzettel (-)	l'anti-sèche
erwischt werden (sein)	se faire prendre
Fortschritte machen	faire des progrès
zerstreut	distrait
vergeßlich	qui oublie tout
vorlaut	qui parle à tout propos
begabt	doué
jn hinaus/werfen (a,o,i)	renvoyer qn
jn vom Unterricht aus/schließen (o,o)	exclure qn du cours

DER UNTERRICHT : *LE COURS*

DER SPRACHUNTERRICHT	LE COURS DE LANGUE
Vokabeln lernen	apprendre le vocabulaire
einfach	simple
schwer, schwierig	difficile
eine Frage stellen	poser une question
auf eine Frage antworten	répondre à une question
die Grammatik	la grammaire
aus/sprechen (a,o,i)	prononcer
die Aussprache	la prononciation
deutlich sprechen	parler distinctement
fließend sprechen	parler couramment
sich (D) etw. merken	retenir qc
sich gut aus/drücken	bien s'exprimer
sich verständigen	se faire comprendre
die Übung (en)	l'exercice
übersetzen	traduire
die Übersetzung (en)	la traduction
der Fehler (-)	la faute
buchstabieren	épeler
zusammen/fassen	résumer
die Zusammenfassung	le résumé
(sich) verbessern	(se) corriger
die Verbesserung (en)	la correction

Ich komme ganz gut in Deutsch zurecht.	Je me débrouille bien en allemand.
Ich kann mir die Artikel im Deutschen einfach nicht merken.	Je ne peux absolument pas retenir les articles en allemand.
Übersetzt jetzt ins Deutsche!	Traduisez maintenant en allemand !
Er kann nichts auf Deutsch sagen, weil er nie seine Vokabeln gelernt hat.	Il ne peut rien dire en allemand parce qu'il n'a jamais appris son vocabulaire.

DER MATHEMATIKUNTERRICHT	LE COURS DE MATH
rechnen	calculer
zählen	compter
die Zahl (en)	le nombre
der erste	le premier
der dritte	le troisième
der siebte	le septième
der hundertste	le centième
die Länge / lang	la longueur / long
die Breite / breit	la largeur / large
die Höhe / hoch	la hauteur / haut
die Tiefe / tief	la profondeur / profond
5 Meter lang sein	avoir 5 mètres de long
rund	rond
die Hälfte (n)	la moitié
halb	demi
das Viertel (-)	le quart
das Ergebnis (se)	le résultat

Länge mal Breite gleich Fläche.	La longueur multipliée par la largeur égale la surface.
Wieviel ist 14 geteilt durch 2?	Combien font 14 divisés par 2 ?
Wie groß bist du?	Quelle est ta taille ?

die Menge	la quantité
doppelt so viel	deux fois plus
das Doppelte	le double
das Drittel	le tiers
das Dutzend	la douzaine
das Gewicht	le poids
das Pfund	la livre
anderthalb Kilo	un kilo et demi
der Kreis (e)	le cercle
das Viereck (e)	le carré
viereckig	carré
dreieckig	triangulaire

DIE UNIVERSITÄT : *L'UNIVERSITÉ*

auf die Universität gehen	aller à l'université
der Professor (en,en)	le professeur de faculté
der Student (n,n)	l'étudiant
das Studium (ien)	les études
studieren	faire des études
an einer Universität studieren	faire des études à l'université
die Auswahl	la sélection
das Stipendium (ien)	la bourse
die Vorlesung (en)	le cours magistral
das Studienfach (¨er)	la discipline
Jura	le droit
die Wirtschaft	l'économie
die Betriebswirtschaft	la gestion
die Medizin	la médecine
die Zahnmedizin	la médecine dentaire
die Kunstgeschichte	l'histoire de l'art
die Naturwissenschaft	les sciences naturelles

Was willst du später mal studieren? - Jura.	Que veux-tu faire comme études plus tard ? - Le droit.
Ein Medizinstudium dauert sehr lange.	Les études de médecine durent très longtemps.
Wann bist du endlich mit dem Studium fertig?	Quand auras-tu enfin terminé tes études ?

FREIZEIT UND UNTERHALTUNG
LES LOISIRS ET LES DISTRACTIONS

die Freizeit	le temps libre
verbringen (trans.)	passer
vergehen (intrans.) (sein)	passer
etw. gern tun (tat,getan,er tut)	aimer faire qc
sich für etw. interessieren	s'intéresser à qc
das Hobby	le passe-temps
das Wochenende (n)	le week-end
aus/gehen (sein)	sortir
auf eine Party gehen	aller à une soirée
tanzen gehen	aller danser
in die Disco gehen	aller à la discothèque
zu einem Fußballspiel gehen	aller à un match de football
in ein Konzert gehen	aller à un concert
ins Kino gehen	aller au cinéma
in den Zoo gehen	aller au zoo
spazieren gehen (sein)	aller se promener
der Spaziergang (¨e)	la promenade
einen Stadtbummel machen	faire une promenade en ville
einen Einkaufsbummel machen	faire du lèche-vitrine
wandern (sein)	faire de la marche
die Wanderung (en)	la marche, la randonnée
Sport treiben (ie,ie)	faire du sport
in den Zirkus gehen	aller au cirque
der Artist (n,n)	l'artiste de cirque
der Akrobat (n,n)	l'acrobate
der Zauberer (-)	le prestidigitateur
zaubern	faire des tours de magie
der Dompteur (e)	le dompteur
Tiere dressieren	dresser des animaux
fern/sehen (a,e,ie)	regarder la télévision

das Videospiel (e)	le jeu vidéo
Briefmarken sammeln	collectionner des timbres
das Album (Alben)	l'album
Bücher lesen (a,e,ie)	lire des livres
Musik hören	écouter de la musique
die Schallplatte (n)	le disque
die CD (s)	le CD
die Band (s)	le groupe
auf/nehmen	enregistrer
lauter / leiser stellen	augmenter / baisser le volume
der Chor (¨e)	le choeur
in einem Chor singen (a,u)	chanter dans un choeur
fotografieren	photographier
der Fotoapparat (e)	l'appareil de photos
das Foto (s)	la photo
ein Foto machen, auf/nehmen	prendre une photo
die Aufnahme (n)	la prise
Karten spielen	jouer aux cartes

Ich habe eine Woche in Berlin verbracht.	J'ai passé une semaine à Berlin.
Die Zeit ist so schnell vergangen.	Le temps a passé si vite.
Das macht mir Spaß.	Cela m'amuse.
Du bist dran.	C'est ton tour.

die Freizeitgestaltung	l'organisation des loisirs
die Freizeit-beschäftigung (en)	l'activité de loisir
die Lieblings-beschäftigung (en)	le passe-temps favori
sich mit etw. beschäftigen	s'occuper de qc
der Zeitvertreib	le passe-temps
sich mit etw. die Zeit vertreiben (ie,ie)	passer le temps à
die Unterhaltung	la distraction
unterhaltend	distrayant
sich zertreuen	se distraire
die Zerstreuung	la distraction
sich aus/ruhen	se reposer
faulenzen	paresser
sich entspannen	se détendre
die Entspannung	la détente
vor/haben, beabsichtigen	avoir l'intention de
die Absicht (en)	l'intention
an etw. (D) teil/nehmen	participer à qc
vor/schlagen (u,a,ä)	proposer
der Vorschlag (¨e)	la proposition
der Vergnügungspark (s)	le parc d'attractions
das Rätsel (-)	la devinette
lösen	résoudre
das Kreuzworträtsel (-)	les mots croisés
basteln	bricoler

Schach spielen	jouer aux échecs
die Spielregel (n)	la règle du jeu
schachmatt	échec et mat
um Geld spielen	jouer pour de l'argent
falsch spielen, schummeln	tricher
das Glück	la chance
das Pech	la malchance
der Gegner (-)	l'adversaire
der Spielverderber (-)	le rabat-joie

Alles ist gut verlaufen.	Tout s'est bien passé.
Viel Vergnügen! / Viel Spaß!	Amusez-vous bien !
Ich verbringe am liebsten meine Zeit mit Nichtstun.	Je préfère passer mon temps à ne rien faire.

SPORT
LE SPORT

der Sport	le sport
die Sportarten	les sports
Sport treiben (ie,ie)	faire du sport
sportlich	sportif
der Sportler (-)	le sportif
trainieren	s'entraîner
der Trainer (-)	l'entraîneur
das Spiel (e)	le match
gewinnen (a,o)	gagner
der Gewinner (-)	le gagnant
verlieren (o,o)	perdre
der Verlierer (-)	le perdant

SCHWIMMEN (a,o,i)	NAGER
das Schwimmbad (¨er)	la piscine
das Hallenbad (¨er)	la piscine couverte
der Badeanzug (¨e)	le maillot de bain
die Badehose (n)	le caleçon de bain
ertrinken (a,u,i) (sein)	se noyer
Hilfe !	au secours !
tauchen	plonger
segeln	faire de la voile
das Segelboot (e)	le voilier
surfen	faire de la planche à voile
das Surfbrett (er)	la planche à voile

TENNIS SPIELEN	JOUER AU TENNIS
der Tennisplatz (¨e)	le court de tennis
der Tennisschläger (-)	la raquette
das Netz (e)	le filet
das Turnier (e)	le tournoi
das Tischtennis	le ping-pong
die Tischtennisplatte (n)	la table de ping-pong

FUßBALL SPIELEN	JOUER AU FOOTBALL
das Stadion (ien)	le stade
der Fußballplatz (¨e)	le terrain de football

LAUFEN (IE,AU,ÄU) (SEIN)	COURIR
der Läufer (-)	le coureur
der Hundertmeterlauf (¨e)	le cent mètres

seine Zeit verbessern	améliorer son temps
schnell ≠ langsam	rapide ≠ lent
außer Atem sein	être essoufflé
springen (a,u) (sein)	sauter
der Hochsprung	le saut en hauteur
der Weitsprung	le saut en longueur

DER WINTERSPORT	LES SPORTS D'HIVER
Ski laufen, fahren (sein)	faire du ski
die Abfahrt (en)	la descente
der Ski, Schi (er)	le ski
der Skianzug (¨e)	la tenue de ski
der Skischuh (e)	la chaussure de ski
der Skistock (¨e)	le bâton de ski
Schlittschuh laufen (sein)	patiner
der Schlitten (-)	la luge
Schlitten fahren (sein)	faire de la luge

REITEN (i,i) (sein)	FAIRE DU CHEVAL
das Pferd (e)	le cheval

RAD FAHREN (sein)	FAIRE DU VÉLO
das Fahrrad (¨er)	le vélo
das Motorrad (¨er)	la moto
Motorrad fahren (sein)	faire de la moto

BOXEN	FAIRE DE LA BOXE
der Boxer (-)	le boxeur
der Ring (e)	le ring
stark	fort
brutal	brutal

Auf die Plätze, fertig, los!	A vos marques, prêts, partez !
Sport hält fit.	Le sport maintient en forme.

einen Sport aus/üben	pratiquer un sport
der Berufssportler (-)	le sportif professionnel
sich qualifizieren	se qualifier
in das Finale kommen (sein)	se qualifier pour la finale
das Endspiel, das Finale	la finale
das Viertelfinale	le quart de finale
das Halbfinale	la demi-finale
die Goldmedaille (n)	la médaille d'or
die Silbermedaille	la médaille d'argent
die Bronzemedaille	la médaille de bronze
das Tor (e)	le but
ein Tor schießen (o,o)	marquer un but
der Torwart (e)	le gardien de but
der Ersatzspieler (-)	le remplaçant
die Mannschaft (en)	l'équipe
die Halbzeit (en)	la mi-temps
drei zu null	trois à zéro
unentschieden	match nul
die Wette (n)	le pari
wetten	parier
das Rennrad (¨er)	le vélo de course
das Mountainbike (s)	le VTT
das Radrennen (-)	la course de vélo
die Lenkstange (n)	le guidon
der Reifen (-)	le pneu
das Rad (¨er)	la roue
das Rad wechseln	changer la roue
das Autorennen (-)	la course automobile
das Rennauto (s)	la voiture de course
das Formel-1-Rennen	la course de formule 1
bergsteigen (sein)	faire de l'alpinisme
auf einen Berg steigen (ie,ie) (sein)	faire l'ascension d'une montagne
klettern (sein)	grimper
der Bergsteiger (-)	l'alpiniste
der Gipfel (-)	le sommet
die Jagd	la chasse
jagen	chasser
auf die Jagd gehen	aller à la chasse
der Jäger (-)	le chasseur
das Gewehr (e)	le fusil
auf ein Tier schießen (o,o)	tirer sur un animal
der Wettkampf (¨e)	la compétition
an einem Wettkampf teil/nehmen	participer à une compétition

kämpfen (um)	combattre (pour)
der Angriff (e)	l'attaque
angreifen (i,i)	attaquer
die Weltmeisterschaft (en)	le championnat du monde
der Weltmeister (-)	le champion du monde
einen Weltrekord auf/stellen	établir un record mondial
einen Rekord brechen (a,o,i)	battre un record
die Olympischen Spiele	les Jeux Olympiques
über jn siegen, jn besiegen	vaincre qn
der Sieg (e)	la victoire
einen Sieg erringen (a,u)	remporter une victoire
knapp	de justesse
jn schlagen (u,a,ä)	battre qn
das Ziel (e)	l'arrivée
als erster durchs Ziel fahren	franchir le premier la ligne d'arrivée
eine Niederlage erleiden (i,i)	subir une défaite
auf/geben (a,e,i)	abandonner
das Publikum	le public
der Anhänger (-)	le supporter
anfeuern	encourager
der Applaus, der Beifall	les applaudissements
klatschen, applaudieren	applaudire
der Schiedsrichter (-)	l'arbitre
pfeifen (i,i)	siffler
die Verlängerung (en)	les prolongations
der Fallschirm (e)	le parachute
Fallschirm springen (sein)	faire du parachutisme
Gummiband springen	faire du saut à l'élastique
die Ausrüstung (en)	l'équipement
seine Angst überwinden (a,u)	surmonter sa peur
lebensgefährlich	très dangereux
sich dopen	se doper
das Doping	le dopage
die Dopingkontrolle (n)	le contrôle de dopage
die Stichprobe (n)	le test au hasard

Wie steht es? Es steht zwei zu null.	Quel est le score ? Le score est de deux à zéro.
Wieviel Tore haben sie geschossen?	Combien de buts ont-ils marqués ?
Wetten, dass er trotzdem gewinnt!	Je parie qu'il va quand même gagner !

KUNST UND KULTURELLES LEBEN
LES ARTS ET LA VIE CULTURELLE

MUSIK : *LA MUSIQUE*

die Musik	la musique
die klassische Musik	la musique classique
die Volksmusik	la musique populaire
die moderne Musik	la musique moderne
der Musiker (-)	le musicien
das Instrument (e)	l'instrument
ein Instrument spielen	jouer d'un instrument
das Klavier (e)	le piano
Klavier üben	s'exercer au piano
die Geige (n), die Violine (n)	le violon
die Flöte (n)	la flûte
die Gitarre (n)	la guitare
die Note (n)	la note
der Komponist (en,en)	le compositeur
komponieren	composer
die Sinfonie (n)	la symphonie
das Musikstück (e)	le morceau de musique
das Orchester (-)	l'orchestre
der Dirigent (en,en)	le chef d'orchestre
dirigieren	diriger
singen (a,u)	chanter
richtig / falsch singen	chanter juste / faux
der Sänger (-)	le chanteur
die Sängerin (nen)	la chanteuse
der Chor (¨e)	le choeur
das Lied (er)	le chant
der Schlager (-), der Hit (s)	le tube
das Konzert (e)	le concert
in ein Konzert gehen	aller à un concert
die Rockgruppe (n)	le groupe rock
die Tournee (n)	la tournée
auf Tournee gehen (sein)	faire une tournée
bekannt	connu
berühmt	célèbre
die Schallplatte (n)	le disque
die CD (s)	le CD
eine Schallplatte heraus/bringen	sortir un disque
die Stereoanlage (en)	la chaîne stéréo
der Lautsprecher (-)	le haut-parleur
das Mikrofon (e)	le microphone
der Kopfhörer (-)	le casque

Kannst du Klavier spielen?	Sais-tu jouer du piano ?
Das ist der Hit des Jahres.	C'est le tube de l'année.
Ich muss noch Klavier üben.	Je dois encore m'exercer au piano.

moll	mineur
dur	majeur
die Unterhaltungsmusik	la musique légère
musikalisch	doué pour la musique
der Liedermacher (-)	l'auteur-compositeur
die Oper (n)	l'opéra
in die Oper gehen	aller à l'opéra
der Solist (en,en)	le soliste
der Flügel (-)	le piano à queue
die Begleitung	l'accompagnement
jn auf dem Klavier begleiten	accompagner qn au piano
die Orgel (n)	l'orgue
das Orgelkonzert (e)	le récital d'orgue
das Schlagzeug	la batterie
der Schlagzeuger (-)	le batteur
der Takt (e)	la mesure
den Takt schlagen (u,a,ä)	battre la mesure
der Rhythmus (men)	le rythme
mitreißend	entraînant
schrill	strident
kaum hörbar	à peine audible
ein ohrenbetäubender Lärm	un bruit assourdissant

Was wird heute Abend in der Oper gegeben?	Que donne-t-on à l'opéra ce soir ?
Dieser Schlager steht seit Wochen auf dem ersten Platz in der Hitparade.	Cette chanson à succès occupe depuis des semaines la première place au hit parade.
Sie gewann den ersten Preis in einem Musikwettberverb.	Elle a gagné le premier prix à un concours de musique.
Er hat schon mehrere CDs herausgebracht.	Il a déjà produit plusieurs CDs.

TANZ : *LA DANSE*

der Tanz (¨e)	la danse
tanzen	danser
zum Tanzen gehen	aller danser
der Tanzpartner (-)	le cavalier
in die Tanzstunde gehen	suivre un cours de danse
der Walzer (-)	la valse
Walzer tanzen	valser
der Ball (¨e)	le bal
auf einen Karnevalsball gehen	aller à un bal de carnaval
das Ballett	le ballet
die Balletttänzerin (nen)	la ballerine
die Primaballerina (nen)	la danseuse étoile
die Diskothek (en)	la discothèque
das Nachtlokal (e)	la boîte de nuit

MALEREI UND BILDHAUEREI
LA PEINTURE ET LA SCUPTURE

die Malerei	la peinture (art)
malen	peindre
der Maler (-)	le peintre
der Pinsel (-)	le pinceau
die Farbe (n)	la peinture
der Farbkasten (¨)	la boîte de peintures
die Wasserfarbe (n)	la peinture à l'eau
die Ölfarbe (n)	la peinture à l'huile
das Bild (er)	le tableau
das Porträt (s)	le portrait
zeichnen	dessiner
die Zeichnung (en)	le dessin
der Bleistift (e)	le crayon
dar/stellen	représenter
das Modell (e)	le modèle
das Museum (een)	le musée
ein Museum besuchen	visiter un musée
die Öffnungszeiten	les heures d'ouverture
geöffnet ≠ geschlossen	ouvert ≠ fermé
der Eintritt	l'entrée
die Eintrittskarte (n)	le billet d'entrée
der Eingang / der Ausgang (¨e)	l'entrée / la sortie

die abstrakte Kunst	l'art abstrait
gegenständlich	figuratif
zeitgenössisch	contemporain
der Künstler (-)	l'artiste
der Landschaftsmaler (-)	le paysagiste
begabt	doué
das Kunstwerk (e)	l'oeuvre d'art
das Meisterwerk (e)	le chef d'oeuvre
das Gemälde (-)	la peinture (tableau)
das Ölgemälde (-)	la peinture à l'huile
die Leinwand	la toile
das Aquarell (e)	l'aquarelle
der Stich (e)	la gravure, l'estampe
das Stillleben (-)	la nature morte
das Original (e)	l'original
signiert	signé
imitieren	imiter
die Imitation	l'imitation
die Fälschung (en)	le faux
impressionistisch	impressionniste
der Expressionismus	l'expressionnisme
der Kunstliebhaber (-)	l'amateur d'art
die Bildhauerei	la sculpture
der Bildhauer (-)	le sculpteur
die Skulptur (en)	la sculpture
die Statue (n)	la statue
der Marmor	le marbre
eine Holzfigur (en)	une sculpture en bois
aus echtem Holz	en bois véritable
das Denkmal (¨er)	le monument
errichten	ériger
monumental, kolossal	monumental, colossal
die Ausstellung (en)	l'exposition
eröffnen	inaugurer
die Eröffnung einer Austellung	le vernissage d'une exposition
ausgestellt sein	être exposé

THEATER : *LE THÉÂTRE*

das Theater (-)	le théâtre
ins Theater gehen	aller au théâtre
der Schauspieler (-)	l'acteur
eine Rolle spielen	jouer un rôle
die Bühne (n)	la scène
der Vorhang (¨e)	le rideau
auf/gehen (sein)	s'ouvrir
zu/gehen (sein)	se fermer
hoch/gehen (sein)	se lever
fallen (ie,a,ä) (sein)	tomber
die Kulisse (n)	les coulisses
das Publikum	le public
der Zuschauer (-)	le spectateur
der Platz (¨e)	la place
frei ≠ besetzt	libre ≠ occupé
das Parkett	l'orchestre (salle)
klatschen	applaudir
die Pause (n)	l'entracte
die Garderobe (n)	le vestiaire

seinen Platz vor/bestellen	réserver sa place
ausverkauft	complet
der Beifall, der Applaus	les applaudissements
stürmisch	frénétique
pfeifen (i,i)	siffler
das Theaterstück (e)	la pièce de théâtre
das Drama (men)	le drame
die Komödie (n)	la comédie
der erste Akt	le premier acte
ein Stück proben	répéter une pièce
die Hauptprobe (n)	la répétition générale
zur Probe gehen	aller à la répétition
auf/treten (a,e,i) (sein)	entrer en scène
der Auftritt (e)	l'entrée en scène
die Hauptrolle (n)	le rôle principal
die Nebenrolle (n)	le second rôle
soufflieren	souffler
der Souffleur (e), die Souffleuse (n)	le souffleur, la souffleuse

Bedaure, es ist alles ausverkauft.	Je regrette, c'est complet.
Heute Abend keine Vorstellung.	Ce soir relâche.

KINO : *LE CINÉMA*

das Kino (s)	le cinéma
ins Kino gehen	aller au cinéma
der Film (e)	le film
sich (D) einen Film an/sehen	regarder un film
die Kasse (n)	la caisse
das Trinkgeld (er)	le pourboire
der Zeichentrickfilm (e)	le dessin animé
der Abenteuerfilm	le film d'aventure
der Horrorfilm	le film d'horreur
der Wildwestfilm	le western
der Krimi (s), der Kriminalfilm	le film policier
der Liebesfilm	le film d'amour
der Farbfilm	le film en couleurs
der Schwarzweißfilm	le film en noir et blanc
der Filmschauspieler (-)	l'acteur de cinéma
der Filmstar (s)	la vedette de cinéma

Der Film läuft sur Zeit im Rex.	Le film passe en ce moment au Rex.
Er hat mir sehr gefallen.	Il m'a beaucoup plu.
So einen schlechten Film habe ich schon lange nicht mehr gesehen!	Il y a longtemps que je n'ai pas vu un film aussi mauvais !

Schlange stehen	faire la queue
die Vorstellung, die Aufführung (en)	la représentation
die Reihe (n)	la rangée
der Sitz (e)	le fauteuil
einen Film drehen	tourner un film
die Dreharbeiten	le tournage (d'un film)
das Drehbuch (¨er)	le scénario
einen Roman verfilmen	porter un roman à l'écran
die Rollenverteilung	la distribution
der Statist (en,en)	le figurant
die Nahaufnahme (n)	le gros plan
die Trickaufnahme	le trucage
der Untertitel (-)	le sous-titre
die Originalfassung (en)	la version originale
ein großer Erfolg sein	être un grand succès
der Kassenschlager (-)	le film à grand succès
einen Preis verleihen (ie,ie)	décerner un prix
das Jugendverbot	l'interdiction aux mineurs
die Handlung	l'action
begeistert sein	être enthousiaste
gerührt sein	être ému
rührend	émouvant
ein spannender Film	un film à suspense
außergewöhnlich	extraordinaire
großartig	merveilleux
wunderbar	magnifique
lustig	amusant
unterhaltsam	divertissant
ungewöhnlich	inhabituel
atemberaubend	à vous couper le souffle
furchtbar	affreux

Kein Zutritt für Jugendliche unter 16 Jahren.	Interdit aux moins de 16 ans.
Achtung! Aufnahme!	Silence ! On tourne !
Es ist mir lieber, wenn die englischen Filme untertitelt sind.	Je préfère quand les films anglais sont sous-titrés.

RELIGION
LA RELIGION

die Religion	la religion
der Glaube	la foi
glauben (an+A)	croire (en)
(der) Gott (¨er)	Dieu
Christus	le Christ
der Christ (en,en)	le chrétien
christlich	chrétien
der Katholik (en,en)	le catholique
katholisch	catholique
der Protestant (en,en)	le protestant
protestantisch	protestant
die Kirche (n)	l'église
der Kirchturm (¨e)	le clocher
die Kapelle (n)	la chapelle
der Dom (e)	la cathédrale
das Kreuz (e)	la croix
die Messe (en)	la messe
der Gottesdienst (e)	le culte

Es gibt genauso viele Protestanten wie Katholiken in Deutschland.
Il y a exactement autant de protestants que de catholiques en Allemagne.

Es war 150 vor Christus (v. Chr.) und nicht nach Christus (n. Chr.).
C'était en 150 avant Jésus-Christ et non après Jésus-Christ.

die Reformation	la Réforme
die reformierte Kirche	l'église réformée
lutherisch	luthérien
evangelisch	évangélique
der Kalvinist (en,en)	le calviniste
das Christentum	le christianisme
die Gemeinde (n)	la paroisse
der Gläubige (adj. subst.)	le croyant
zu Gott beten	prier Dieu
das Gebet (e)	la prière
das Vaterunser	le Notre-Père
fromm	pieux
der Altar (¨e)	l'autel
nieder/knien (sein)	s'agenouiller
das Sakrament (e)	le sacrement
die Taufe (n)	le baptême
taufen	baptiser
die Konfirmation	la confirmation (protest.)
die Firmung	la confirmation (cath.)
die Trauung	le mariage religieux
die Beichte (n)	la confession
beichten	se confesser
der Beichtstuhl	le confessionnal
die Sünde (n)	le péché
bereuen	regretter
vergeben (a,e,i)	pardonner
das Abendmahl	la communion (protest.)
die Kommunion	la communion (cath.)
die Gnade	la grâce
die Seele (n)	l'âme
die Bibel	la Bible
die Heilige Schrift	l'Ecriture Sainte
das Alte Testament	l'Ancien Testament
das Neue Testament	le Nouveau Testament
das Evangelium (ien)	l'Evangile
die Schöpfung	la Création
das Paradies	le paradis
die Hölle	l'enfer
der Teufel	le diable
der Engel (-)	l'ange

der Heilige (adj. subst.)	le saint
das Opfer (-)	le sacrifice
opfern	sacrifier
das Gebot (e)	le commandement
der Prophet (en,en)	le prophète
Jesus Christus	Jésus Christ
der Herr	le Seigneur
der Allmächtige (adj. subst.)	le Tout Puissant
die Jungfrau Maria	la Vierge Marie
die Heiligen Drei Könige	les Rois Mages
das Wunder (-)	le miracle
die Auferstehung	la résurrection
der Jünger (-)	le disciple
der Apostel (-)	l'apôtre
die Kreuzigung	la crucifixion
der Heilige Geist	le Saint Esprit
das Jüngste Gericht	le Jugement Dernier
der Weltuntergang	la fin du monde
die Ewigkeit	l'éternité
ewig	éternel
das Jenseits	l'au-delà
der Geistliche (adj. subst.)	l'ecclésiastique
der Pastor (en), der Pfarrer (-)	le pasteur, le curé
der Priester (-)	le prêtre
der Bischof (¨e)	l'évêque
das Bistum (¨er)	l'évêché
der Papst (¨e)	le Pape
der Heilige Stuhl	le Saint Siège
der Orden (-)	l'ordre
der Mönch (e)	le moine
die Nonne (n)	la nonne
das Kloster (¨)	le cloître
das Judentum	le judaïsme
der Jude (n,n)	le juif
die Jüdin (nen)	la juive
jüdisch	juif
die Synagoge (n)	la synagogue
der Rabbiner (-)	le rabbin
der Talmud	le Talmud
der Tempel (-)	le temple
hebräisch	hébreux
der Islam	l'islam
der Mohammedaner (-), der Moslem (s)	le musulman
Mohammed	Mahomet
mohammedanisch	musulman
der Koran	le Coran
der Schleier (-)	le voile
der Tschador (s)	le tchador
das Kopftuch (¨er)	le foulard
der Turban (e)	le turban
die Moschee (n)	la mosquée
das Minarett (e)	le minaret
der Fundamentalist (en,en)	l'intégriste
die Sekte (n)	la secte
in eine Sekte ein/treten (sein)	adhérer à une secte
die Zeugen Jehovas	les Témoins de Jéhovah
der Atheist (en,en)	l'athée
der Heide (n,n)	le païen

ABERGLAUBE : *LA SUPERSTITION*

der Aberglaube	la superstition
abergläubisch	superstitieux
Unglück bringen	porter malheur
die Wahrsagerin (nen)	la diseuse de bonne aventure
wahrsagen	dire la bonne aventure
der Hellseher (-)	le voyant
das Horoskop (e)	l'horoscope
voraus/sagen	prédire
die Zukunft	l'avenir
das Medium (ien)	le médium
mit jm in Verbindung treten (a,e,i) (sein)	entrer en communication avec qn
heilen	guérir
die Erscheinung (en)	l'apparition
übernatürlich	surnaturel
unglaublich	incroyable
der Scharlatan (e)	le charlatan
die Hexe (n)	la sorcière
das Gespenst (er)	le fantôme
das Spukschloss (¨er)	le château hanté

In diesem Haus spukt es.	Cette maison est hantée.
Sie liest aus der Hand.	Elle lit dans les lignes de la main.

MEDIEN UND WERBUNG
LES MÉDIA ET LA PUBLICITÉ

FERNSEHEN : *LA TÉLÉVISION*

fern/sehen (a,e,ie)	regarder la télévision
der Fernsehzuschauer (-)	le téléspectateur
der Fernseher (-)	le téléviseur
der Fernsehapparat (e), das Fernsehgerät (e)	l'appareil de télévision
an/machen, ein/schalten	allumer
aus/machen, aus/schalten	éteindre
um/schalten	changer de chaîne
das Kabelfernsehen	la télévision par câble
das Satellitenfernsehen	la télévision par satellite
im Fernsehen	à la télé
der Bildschirm (e)	l'écran
die Fernbedienung (en)	la télécommande
der Videorecorder (-)	le magnétoscope
(auf Video) **auf/nehmen**	enregistrer (sur magnétoscope)
löschen	effacer
das Programm (e)	la chaîne de télévision, le programme
senden, bringen	émettre, diffuser
die Sendung (en)	l'émission
die Musiksendung (en)	l'émission de musique
die Serie (n)	la série
der Dokumentarfilm (e)	le documentaire
die Wiederholung (en)	la rediffusion
die Nachrichten	les nouvelles
der Nachrichtensprecher (-)	le présentateur des informations
die Tagesschau	le journal télévisé
der Wetterbericht (e)	la météo
die Reportage (n)	le reportage
der Fernsehansager (-)	le présentateur de télévision

Was gibt's im Fernsehen?	Qu'est-ce qu'il y a à la télévision ?
Das ZDF bringt eine Reportage über den Zweiten Weltkrieg.	Le ZDF montre un reportage sur la Deuxième Guerre Mondiale.
Diese amerikanische Fernsehserie läuft schon seit drei Jahren.	Cette série télévisée américaine passe déjà depuis trois ans.

sich (D) eine Sendung an/schauen, an/sehen	regarder une émission
die Sendereihe (n)	la série, le feuilleton
die nächste Folge	l'épisode suivant
der Spielfilm (e)	le long métrage
die Unterhaltungssendung (en)	l'émission de variétés
übertragen (u,a,ä)	retransmettre
die Übertragung (en)	la retransmission

die Aufzeichnung (en)	la retransmission en différé
die Werbung	la publicité
ein/schränken	limiter
die Debatte (n)	le débat
der Moderator (en)	l'animateur (débats)
die Einschaltquote (n)	l'audimat
der Einfluss (¨e) (auf + A)	l'influence (sur)
jn beeinflussen	influencer qn
informieren	informer
bilden	cultiver
die Bildung	la culture
zerstreuen, unterhalten (ie,a,ä)	distraire
auf/klären (über + A)	instruire (sur)
die Gewalt im Fernsehen	la violence à la télévision
jm schaden	porter préjudice à qn
schädlich	nuisible
gleichgültig werden	devenir indifférent
manipulieren	manipuler

RADIO : *LA RADIO*

das Radio	la radio
der Radioapparat (e)	l'appareil de radio
der Hörer (-)	l'auditeur
der Sender (-)	l'émetteur
empfangen (i,a,ä)	recevoir
der Empfang	la réception
gestört	brouillé
Es rauscht.	Il y a des bruits de fond.
der Kopfhörer (-)	le casque (audio)
den Kopfhörer auf/setzen	mettre le casque
ab/nehmen	enlever
die Langwelle	les ondes longues
die Kurzwelle	les ondes courtes
UKW (Ultrakurzwelle)	FM modulation de fréquence

PRESSE : *LA PRESSE*

die Zeitung (en)	le journal
die Zeitschrift (en)	le magazine
die Illustrierte (adj. subst)	la revue
eine Zeitung auf/schlagen (u,a,ä)	ouvrir un journal
lesen (a,e,ie)	lire
der Leser (-)	le lecteur
in der Zeitung stehen	être écrit dans le journal
der Zeitungsartikel (-)	l'article de journal
statt/finden (a,u)	avoir lieu
der Titel (-)	le titre
der Journalist (en,en)	le journaliste
der Chefredakteur (e)	le rédacteur en chef
der Reporter (-)	le reporter
der Korrespondent (en,en)	le correspondant
eine Reportage bringen	publier un reportage

Woher weißt du das ? - Es stand in der Zeitung.	Comment sais-tu cela ? - C'était (écrit) dans le journal.
Wo hast du die Fernsehzeitung hingelegt ?	Où as-tu mis le journal de la télévision ?

die überregionale Presse	la presse nationale
die Sensationspresse	la presse à sensation
die Lokalzeitung (en)	le journal local
die Tageszeitung (en)	le quotidien
erscheinen (ie,ie) (sein)	paraître
täglich	tous les jours
wöchentlich	toutes les semaines
monatlich	tous les mois
die Wochenzeitschrift (en)	la revue hebdomadaire
das Nachrichten-magazin (e) *(z.B. "der Spiegel", "Focus")*	le magazine d'informations
das Abonnement (s) (bei einer Zeitung)	l'abonnement (à un journal)
eine Zeitung abonnieren	s'abonner à un journal
bei einer Zeitung arbeiten	travailler dans un journal
der Verlag (e)	la maison d'édition

der Verleger (-)	l'éditeur (livres)
der Herausgeber (-)	l'éditeur (journaux)
die Auflage (n)	le tirage
drucken	imprimer
der Druck	l'impression
die Druckerei (en)	l'imprimerie
der Auslandskorrespondent (en,en)	le correspondant à l'étranger
der Bericht (e)	le compte-rendu
das Ereignis (se)	l'événement
über ein Ereignis berichten	faire le compte-rendu d'un événement
melden	annoncer
die Pressemeldung (en)	le communiqué de presse
letzte Meldungen	dernières nouvelles
die Titelseite (n)	la couverture
die Schlagzeile (n)	le gros titre, la manchette
Schlagzeilen machen	faire la une
das Schlagwort (¨er)	le slogan
der Leitartikel (-)	l'éditorial
die Spalte (n)	la colonne
die Leserbriefe	le courrier des lecteurs
eine Anzeige auf/geben	faire paraître une annonce
veröffentlichen	publier
die Veröffentlichung (en)	la publication
die Pressefreiheit	la liberté de la presse
die Zensur	la censure
die öffentliche Meinung	l'opinion publique
sich seine eigene Meinung bilden	se faire sa propre opinion
einseitig	partial
tendenziös	tendancieux
unparteiisch	impartial
unabhängig	indépendant
skandalös	scandaleux
aus der Luft gegriffen	inventé de toutes pièces
etw. ans Licht bringen	dévoiler qc
der Wahrheit entsprechen (a,o,i)	être conforme à la vérité
die Tatsachen entstellen	déformer les faits
eine Tatsache verschweigen (ie,ie)	passer un fait sous silence
einen Skandal auf/decken	révéler un scandale
verleumden	calomnier
die Verleumdung (en)	la diffamation
kritisieren	critiquer
die Kritik (en)	la critique
jn verschonen	épargner qn

Was gibt es Neues? — Quoi de neuf ?
Die Bild-Zeitung ist das meistgelesene Tagesblatt in Deutschland. — Le "Bildzeitung" est le quotidien le plus lu d'Allemagne.

WERBUNG : *LA PUBLICITÉ*

für etw. werben (a,o,i)	faire la publicité de qc
die Werbung (en)	la publicité
das Werbefernsehen	la publicité télévisée
die Reklame	la réclame
das Plakat (e)	l'affiche
an/schlagen (u,a,ä)	afficher
der Werbespruch (¨e)	le slogan publicitaire
der Werbespot (s)	le spot publicitaire
der Prospekt (e)	le prospectus
zum Kauf verleiten	inciter à l'achat
sich verleiten lassen	se laisser séduire
das Gefühl an/sprechen	faire appel au sentiment
das Unterbewusstsein	le subconscient
jn täuschen	tromper qn
manipulieren	manipuler
irreführend	mensonger
überzeugend	convaincant
erotisch	érotique
künstlerisch	artistique

Werbung für Zigaretten ist in Frankreich verboten. — La publicité pour les cigarettes est interdite en France.

REISEN UND TOURISMUS
LES VOYAGES ET LE TOURISME

reisen	voyager
verreisen	partir en voyage
eine Reise machen	faire un voyage
das Reisebüro (s)	l'agence de voyages
die Gruppenreise (n)	le voyage organisé
der Reisende (adj. subst.)	le voyageur
Ferien haben	être en vacances
der Urlaub	le congé
auf Urlaub fahren (u,a,ä) (sein)	partir en vacances
sich (D) **Urlaub nehmen**	prendre des vacances
seine Ferien verbringen	passer ses vacances
ab/reisen, ab/fahren (sein)	partir
unterwegs sein	être en route
das Gepäck	les bagages
die Reisetasche (n)	le sac de voyage
der Koffer (-)	la valise
der Rucksack (¨e)	le sac à dos
den Koffer packen	faire sa valise
den Koffer aus/packen	défaire sa valise
das Meer (e)	la mer
ans Meer fahren	aller au bord de la mer
an den Ozean fahren	aller au bord de l'océan
an die Ostsee fahren	aller au bord de la Mer Baltique
an den Strand gehen	aller à la plage
in der Sonne liegen (a,e)	prendre un bain de soleil
sich vor der Sonne schützen	se protéger du soleil
der Sand	le sable
baden	se baigner
die Welle (n)	la vague
die Küste (n)	la côte
das Ufer (-)	le rivage
der Berg (e)	la montagne
auf einen Berg steigen (ie,ie) (sein)	escalader une montagne
das Gebirge	les montagnes
ins Gebirge, in die Berge fahren	aller en montagne
der Gipfel (-)	le sommet
der Felsen (-)	le rocher
der Gletscher (-)	le glacier
die Lawine (n)	l'avalanche
auf das Land fahren	aller à la campagne
das Ausland	l'étranger
ins Ausland fahren	aller à l'étranger
der Ausländer (-)	l'étranger
weit weg fahren	aller très loin
die Busfahrt (en)	le circuit en autocar
die Bootsfahrt (en)	l'excursion en bateau
die Radtour (en)	l'excursion à vélo
zelten	faire du camping
der Zeltplatz (¨e)	le terrain de camping
das Zelt (e)	la tente
das Zelt auf/stellen	monter la tente
die Luftmatraze (n)	le matelas pneumatique
der Schlafsack (¨e)	le sac de couchage
der Wohnwagen (-)	la caravane
das Wohnmobil (e)	le camping-car
die Jugendherberge (n)	l'auberge de jeunesse
sich auf/halten (ie,a,ä)	séjourner
der Aufenthalt (e)	le séjour
sich aus/ruhen	se reposer
die Besichtigung (en)	la visite
besichtigen	visiter

die Stadtrundfahrt (en)	le tour de ville (en autobus)
die Altstadt (¨e)	la vieille ville
das Museum (een)	le musée
das Denkmal (¨er)	le monument
die Kirche (n)	l'église
der Dom (e)	la cathédrale
das Schloss (¨er)	le château
die Burg (en)	le château-fort
die Stadtmauer (n)	le mur d'enceinte de la ville
einen Ausflug machen	faire une excursion

Was für ein Gebäude ist das?	Quel est ce bâtiment ?
Von wo fahren wir ab?	D'où partons-nous ?
Wie ist dein Aufenthalt in der Schweiz verlaufen?	Comment s'est passé ton séjour en Suisse ?

der Fremdenverkehr, der Tourismus	le tourisme
der Tourist (en,en)	le touriste
der Fremde (adj. subst.)	l'étranger (à une région)
der Einheimische (adj. subst.)	l'autochtone
das Verkehrsamt (¨er)	le syndicat d'initiative
der Prospekt (e)	le prospectus
sich erkundigen (nach)	se renseigner (sur)
die Auskunft (¨e)	le renseignement
die Sehenswürdigkeit (en)	la curiosité touristique
sehenswert	qui vaut la peine d'être vu
die Führung (en)	la visite guidée
eindrucksvoll	impressionnant
der Reiseführer (-)	le guide (livre)
durch die Stadt bummeln (sein)	se balader dans la ville
der Bummel (-)	la balade
sich entspannen	se détendre
sich erholen	se reposer
die Ferien genießen (o,o)	profiter des vacances
erholsam	reposant
faulenzen	paresser
eine Wanderung machen	faire une randonnée
per Anhalter fahren (sein)	voyager en auto-stop
seinen Horizont erweitern	élargir son horizon
etwas Neues erleben	vivre qc de nouveau
ein Abenteuer erleben	vivre une aventure

Gute Erholung!	Reposez-vous bien !
Der Nachmittag steht zur freien Verfügung.	Vous pouvez disposer librement de votre après-midi.
Es gibt immer mehr japanische Touristen in Europa.	Il y a de plus en plus de touristes japonais en Europe.

IM HOTEL : *À L'HÔTEL*

das Hotel (s)	l'hôtel
das Zimmer (-)	la chambre
das Einzelzimmer (-)	la chambre pour une personne
das Doppelzimmer (-)	la chambre pour deux personnes
das Zweibettzimmer (-)	la chambre à deux lits
das Privatzimmer (-)	la chambre chez l'habitant
mit Frühstück	avec petit déjeuner
die Halbpension	la demi-pension
die Vollpension	la pension complète
mit Dusche / mit Bad	avec douche / avec bain

"Zimmer frei"	"Chambre à louer"
Das Zimmer geht auf den Hof.	La chambre donne sur la cour.
Zweimal Kaffee, einmal Tee, bitte !	Deux cafés, un thé, s'il vous plaît !

in einem Hotel ab/steigen (ie,ie) (sein)	descendre dans un hôtel	**ein Zimmer buchen**	retenir une chambre
im Hotel übernachten	coucher à l'hôtel	**das Formular (e)**	la fiche
das 3-Sterne-Hotel	l'hôtel 3 étoiles	**aus/füllen**	remplir
gepflegt	soigné	**die Ankunft**	l'arrivée
geschmackvoll	avec goût	**die Abreise, die Abfahrt**	le départ
der Empfang	la réception	**verschieben (o,o)**	repousser
der Empfangs-angestellte (adj. subst.)	l'employé de la réception	**die Rechnung (en)**	la note
		jn unter/bringen	héberger qn

Wir sind belegt.	Nous sommes complets.
Mit Aussicht aufs Meer.	Avec vue sur la mer.
Wir sind das ganz Jahr über geöffnet.	Nous sommes ouverts toute l'année.
Könnte ich um acht geweckt werden?	Pourrais-je être réveillé à huit heures ?
Wie seid ihr untergebracht?	Comment êtes-vous logés ?
Gibt es eine Parkmöglichkeit?	Y a-t-il une possibilité de parking ?
Wir haben unsere Reise um einen Tag verschoben.	Nous avons repoussé notre voyage d'un jour.

IM RESTAURANT : *AU RESTAURANT*

essen gehen	aller au restaurant	**die Auswahl**	le choix
das Restaurant (s)	le restaurant	**bestellen**	commander
das Gasthaus (¨er), der Gasthof (¨e), die Gaststätte (n)	l'auberge	**das Menü zu 30 Mark**	le menu à 30 marks
der Gast (¨e)	le client	**die Vorspeise (n)**	le hors-d'oeuvre
der Koch (¨e)	le cuisinier	**das Hauptgericht (e)**	le plat principal
der Kellner (-)	le garçon	**der Nachtisch (e)**	le dessert
die Speisekarte (n)	le menu, la carte	**das Getränk (e)**	la boisson
wählen	choisir	**erfrischend**	rafraîchissant
		bezahlen	payer
		das Trinkgeld (er)	le pourboire

Herr Ober / Fräulein, bitte!	Monsieur / Madame, s'il vous plaît !
Haben Sie gewählt?	Avez-vous choisi ?
Ich hätte gern ...	Je voudrais ...
Könnte ich etwas Senf haben?	Puis-je avoir un peu de moutarde ?
Ein kleines Helles, bitte!	Un demi pression, s'il vous plaît !
Es hat sehr gut geschmeckt.	C'était très bon.
Wir möchten getrennt bezahlen.	Nous aimerions payer séparément.
Guten Appetit! / Mahlzeit!	Bon appétit !

der Schnellimbiss (e)	le snack-bar	**die Raststätte (n)**	le restoroute
die Selbstbedienung	le libre-service		
das Selbstbedienungs-restaurant (s)	le restaurant self-service	**das Spiegelei (er)**	l'oeuf sur le plat
		das Omelett (s)	l'omelette

das Wiener Schnitzel	l'escalope de veau panée	**zäh**	dur
die Beilage (n)	la garniture	**englisch**	saignant
die Salzkartoffeln	les pommes vapeur	**mittel, medium**	à point
hausgemacht	fait maison	**durchgebraten**	bien cuit
vegetarisch	végétarien	**jn bedienen**	servir qn
reichlich	copieux	**die Bedienung**	le service
köstlich	délicieux	**inbegriffen**	inclus
fett	gras	**auf/runden**	arrondir
sehr scharf	très relevé	**sich beschweren**	se plaindre

Können Sie uns ein gutes Restaurant empfehlen?	Pouvez-vous nous recommander un bon restaurant ?
Ich möchte einen Tisch in der Nichtraucherecke reservieren.	Je voudrais réserver une table dans le coin non-fumeurs.
Im Moment sind alle Tische besetzt.	Pour le moment toutes les tables sont prises.
Was gibt es als Beilage?	Qu'est-ce qu'il y a comme garniture ?
Das schmeckt ganz köstlich.	C'est délicieux.

AN DER GRENZE : *A LA FRONTIÈRE*

die Grenze (n)	la frontière	**der Zoll**	la douane, les droits de douane
die Grenze überqueren	traverser la frontière	**der Zollbeamte** (adj. subst.)	le douanier
den Pass zeigen	montrer le passeport	**verzollen**	dédouaner
der Ausweis (e)	la carte d'identité		

Haben Sie etwas zu verzollen?	Avez-vous quelque chose à déclarer ?
Haben Sie noch mehr Gepäck?	Avez-vous d'autres bagages ?
Ich habe eine Stange Zigaretten.	J'ai une cartouche de cigarettes.

das Visum (a)	le visa	**die Arbeitserlaubnis (se)**	le permis de travail
ein Visum beantragen	demander un visa	**schmuggeln**	passer en fraude
die Aufenthalts-genehmigung (en)	le permis de séjour	**der Schmuggler (-)**	le contrebandier
		der Schmuggel	la contrebande

Er hat mehrere Flaschen Alkohol über die Grenze geschmuggelt.	Il a passé plusieurs bouteilles d'alcool en fraude.
Das ist für meinen persönlichen Gebrauch.	C'est pour mon usage personnel.
Ihr Pass ist abgelaufen.	Votre passeport est périmé.

LAND UND LEUTE
LES PAYS ET LES GENS

Europa	l'Europe
der Europäer (-)	l'Européen
europäisch	européen
Deutschland	l'Allemagne
der Deutsche (adj. subst.)	l'Allemand
deutsch	allemand
München	Munich
Köln	Cologne
Österreich	l'Autriche
der Österreicher (-)	l'Autrichien
die Österreicherin (nen)	l'Autrichienne
österreichisch	autrichien
Wien	Vienne
die Schweiz	la Suisse
der Schweizer (-)	le Suisse
schweizerisch	suisse
Bern	Berne
Genf	Genève
Frankreich	la France
der Franzose (n,n)	le Français
die Französin (nen)	la Française
französisch	français
Belgien	la Belgique
der Belgier (-)	le Belge
belgisch	belge
Brüssel	Bruxelles
England	l'Angleterre
der Engländer (-)	l'Anglais
englisch	anglais
London	Londres
Italien	l'Italie
der Italiener (-)	l'Italien
italienisch	italien
Rom	Rome
Spanien	l'Espagne
der Spanier (-)	l'Espagnol
spanisch	espagnol

die Niederlande	les Pays-Bas
der Niederländer (-)	le Néerlandais
niederländisch	néerlandais
Den Haag	La Haye
Holland	la Hollande
holländisch	hollandais
Amerika	l'Amérique
der Amerikaner (-)	l'Américain
amerikanisch	américain
die Vereinigten Staaten	les Etats-Unis
Russland	la Russie
der Russe (n,n)	la Russe
russisch	russe
Moskau	Moscou
Japan	le Japon
der Japaner (-)	le Japonais
japanisch	japonais

Ich fahre in den Ferien in die Schweiz.	Pour les vacances je vais en Suisse.
Wir bleiben eine Woche in der Schweiz.	Nous restons une semaine en Suisse.
Morgen fliege ich nach Amerika.	Demain je prends l'avion pour l'Amérique.

Portugal	le Portugal
der Portugiese (n,n)	le Portugais
portugiesisch	portugais
Schweden	la Suède
der Schwede (n,n)	le Suédois
schwedisch	suédois
Griechenland	la Grèce
der Grieche (n,n)	le Grec
Kanada	le Canada
der Kanadier (-)	le canadien
kanadisch	canadien
Algerien	l'Algérie
der Algerier	l'Algérien
algerisch	algérien
Algier	Alger
der Araber (-)	l'Arabe
arabisch	arabe
Marokko	le Maroc
der Marokkaner	le Marocain
marokkanisch	marocain
China	la Chine
der Chinese (n,n)	le Chinois
chinesisch	chinois
Peking	Pékin
Polen	la Pologne
der Pole (n,n)	le Polonais
polnisch	polonais
Warschau	Varsovie
Tschechien	la République tchèque
der Tscheche (n,n)	le Tchèque
tschechisch	tchèque
Prag	Prague
die Türkei	la Turquie
der Türke (n,n)	le Turc
türkisch	turc
Rumänien	la Roumanie
der Rumäne (n,n)	le Roumain
rumänisch	roumain
Australien	l'Australie
der Australier (-)	l'Australien
australisch	australien
Asien	l'Asie
Indien	l'Inde
der Inder (-)	l'Indien
Afrika	l'Afrique
der Afrikaner (-)	l'Africain
Ägypten	l'Egypte
der Ägypter (-)	l'Egyptien
ägyptisch	égyptien
das Elsass	l'Alsace
der Elsässer (-)	l'Alsacien
elsässisch	alsacien
Lothringen	la Lorraine
der Lothringer (-)	le Lorrain
Korsika	la Corse
der Korse (n,n)	le Corse
korsisch	corse

Wir verbringen dieses Jahr unseren Urlaub auf Korsika.	Cette année nous passerons nos vacances en Corse.
Warst du noch nie im Elsass?	Tu n'es encore jamais allé en Alsace ?
Doch, wir fahren oft ins Elsass.	Si, nous allons souvent en Alsace.

VERKEHRSMITTEL, VERKEHR, UNFÄLLE
LES MOYENS DE TRANSPORT, LA CIRCULATION, LES ACCIDENTS

RUND UM DAS AUTO : *AUTOUR DE LA VOITURE*

das Auto (s), der Wagen (-)	la voiture
der Pkw (s) (Personenkraftwagen)	la voiture particulière
der Lkw (s) (Lastkraftwagen)	le poids lourd
der Lastwagen (-)	le camion
das Motorrad (¨er)	la moto
das Moped (s)	le cyclomoteur
der Motor (en)	le moteur
der Kofferraum (¨e)	le coffre
das Rad (¨er)	la roue
der Reifen (-)	le pneu
das Lenkrad, das Steuer (-)	le volant
der Vordersitz (e)	le siège avant
der Rücksitz (e)	le siège arrière
die Fahrschule (n)	l'auto-école
den Führerschein machen	passer le permis de conduire
der Fahrer (-)	le conducteur
der Fahrlehrer (-)	le moniteur
die Fahrstunde (n)	la leçon de conduite
gut / schlecht fahren (sein)	bien / mal conduire
rückwärts fahren (sein)	reculer, faire marche arrière
vorwärts fahren (sein)	avancer
langsamer fahren (sein)	ralentir
schneller fahren (sein), **Gas geben (a,e,i)**	accélérer
hupen	klaxonner
bremsen	freiner
die Bremse (n)	le frein
überholen	doubler
vorsichtig ≠ unvorsichtig	prudent ≠ imprudent
die Tankstelle (n)	la station-service
der Tankwart (e)	le pompiste
tanken	prendre de l'essence
voll tanken	faire le plein
das Benzin	l'essence
bleifrei	sans plomb
verbrauchen	consommer

Sie hat ihren Führerschein bekommen.	Elle a eu son permis de conduire.
Wie schnell fuhren Sie?	A quelle vitesse rouliez-vous ?
Bleifrei oder Super?	Du sans-plomb ou du super ?
Ein junger Mann saß am Steuer.	Un jeune homme était assis au volant.

per Anhalter fahren	faire de l'auto-stop
das Fahrzeug (e)	le véhicule
der Sicherheitsgurt (e)	la ceinture de sécurité
den Gurt an/legen	mettre la ceinture de sécurité
sich an/schnallen	s'attacher
blinken	clignoter
der Blinker (-)	le clignotant
die Geschwindigkeit, das Tempo	la vitesse
die Höchst-geschwindigkeit	la vitesse maximale
die Richtgeschwindigkeit (130 km/Std.)	la vitesse recommandée
das Tempolimit	la limitation de vitesse
überschreiten (i,i)	dépasser
beachten	respecter
rasen	rouler à toute vitesse
die Radarkontrolle (n)	le contrôle radar
abgeschleppt werden	être remorqué
die Reparatur (en)	la réparation
das Auto reparieren lassen	faire réparer la voiture
die Werkstatt (¨en)	l'atelier
der Mechaniker (-)	le mécanicien
der Ölwechsel (-)	la vidange
das Öl wechseln	vidanger
eine Panne haben	tomber en panne
einen Platten haben	avoir une crevaison
platzen (sein)	éclater
das Auspuffgas (e)	le gaz d'échappement
die Luftverschmutzung	la pollution de l'air
der Gesundheit schaden	nuire à la santé
krank machen	rendre malade
der Lärm	le bruit
unerträglich	insupportable

Mir ist der linke Vorderreifen geplatzt.	Mon pneu avant gauche a éclaté.
Der Motor springt nicht an. Sicher ist die Batterie leer.	Le moteur ne démarre pas. La batterie est sûrement vide.

DER STRAẞENVERKEHR : *LA CIRCULATION ROUTIÈRE*

der Verkehr	la circulation
ein starker Verkehr	une circulation intense
der Verkehrspolizist (en,en)	l'agent de la circulation
den Verkehr regeln	régler la circulation
geradeaus	tout droit
(nach) rechts abbiegen (o,o) (sein)	tourner à droite
die Ampel (n)	le feu
bei Rot / bei Grün	au rouge / au vert
an der Ampel halten (ie,ie,ä)	s'arrêter au feu
halten (ie,a,ä)	s'arrêter
ein Auto an/halten	arrêter une voiture
die Kurve (n)	le virage
kurvenreich	sinueux
die Autobahn (en)	l'autoroute
auf die Autobahn fahren	entrer sur l'autoroute
von der Autobahn aus/fahren	sortir de l'autoroute
die Ausfahrt (en)	la sortie
parken	stationner
das Auto ab/stellen, parken	garer la voiture
das Parkverbot (e)	l'interdiction de stationner
der Strafzettel (-)	la contravention

Die Ampel zeigt auf Grün.	Le feu est au vert.
Die Ampel schaltet auf Rot.	Le feu passe au rouge.
Er fuhr bei Rot durch die Ampel.	Il a brûlé le feu rouge.
Das Auto hielt vor der Bank.	La voiture s'arrêta devant la banque.
Wir wurden umgeleitet.	Nous avons été déviés.

ein reger Verkehr	une circulation intense
ein fließender Verkehr	une circulation fluide
sich verfahren	se tromper de route
sich ein/ordnen	se mettre dans la bonne file
die Vorfahrt haben	avoir la priorité
eine Ampel überfahren (haben)	brûler un feu
die Bundesstraße (n)	la nationale
der Kreisverkehr	le sens giratoire
die Autobahngebühr (en)	le péage
gebührenpflichtig	à péage
die Stoßzeit (en)	l'heure de pointe
der Stau (s)	l'embouteillage
im Schritttempo fahren	marcher au pas
die Baustelle (n)	le chantier
die Umleitung (en)	la déviation
den Verkehr um/leiten	dévier la circulation

DER UNFALL : *L'ACCIDENT*

der Autounfall (¨e)	l'accident de voiture
gegen einen Baum fahren	heurter un arbre
jn überfahren	écraser qn
überfahren werden	se faire écraser
der Verletzte (adj. subst.)	le blessé
schwer verletzt	grièvement blessé
auf der Stelle tot sein	être tué sur le coup

Der Unfall ist gerade erst passiert.	L'accident vient de se produire.
Er hat die Kurve zu schnell genommen.	Il a pris le virage trop rapidement.

einen Unfall verursachen	causer un accident
die Unfallursache (n)	la cause de l'accident
das Glatteis	le verglas
vereist	verglacé
die glatte Fahrbahn	la chaussée glissante
die Sicht	la visibilité
der Nebel	le brouillard
zusammen/stoßen (ie,o,ö) (sein)	entrer en collision
der Zusammenstoß (¨e)	la collision
sich überschlagen (u,a,ä)	faire un tonneau
die Kontrolle über das Auto verlieren	perdre le contrôle de la voiture
Feuer fangen (i,a,ä)	prendre feu
bei einem Unfall ums Leben kommen	mourir dans un accident
das Verkehrsopfer (-)	la victime de la circulation
der Zeuge (n,n)	le témoin
der Krankenwagen (-)	l'ambulance
die Fahrerflucht	le délit de fuite
der Alkoholtest	l'alcotest
die Promillegrenze	le taux légal d'alcoolémie
herab/setzen	réduire

Er hatte 2,5 Promille.	Il avait 2,5 grammes d'alcoolémie.
Der Unfall hat sich bei der Autobahnausfahrt ereignet.	L'accident s'est produit à la sortie de l'autoroute.
Der Krankenwagen war fünf Minuten später an der Unfallstelle.	Cinq minutes plus tard, l'ambulance était sur les lieux de l'accident.

DER EISENBAHNVERKEHR : *LE TRAFIC FERROVIAIRE*

der Zug (¨e)	le train
ein Schnellzug	un express
ein Personenzug	un omnibus
die Lokomotive (n)	la locomotive
der Lokführer (-)	le conducteur
der Schaffner (-)	le contrôleur
der Wagen (-)	la voiture, le wagon
der Speisewagen	le wagon-restaurant

der Liegewagen	le wagon-couchettes
der Schlafwagen	le wagon-lit
das Abteil (e)	le compartiment
der Fensterplatz (¨e)	la place à la fenêtre
der Sitzplatz (¨e)	la place assise
frei ≠ besetzt	libre ≠ occupé
seinen Platz bestellen	réserver sa place
Nichtraucher / Raucher	non-fumeurs / fumeurs
der Gang (¨e)	le corridor
der Bahnhof (¨e)	la gare
der Hauptbahnhof	la gare centrale
der Schalter (-)	le guichet
die Fahrkarte (n)	le billet
einfach	un aller simple
hin und zurück	aller et retour
eine Rückfahrkarte	un aller et retour
eine einfache Fahrt	un aller simple
der Fahrkartenautomat (en,en)	le distributeur de billets
der Fahrplan (¨e)	l'horaire
der Wartesaal (säle)	la salle d'attente
ab/fahren (u,a,ä)	partir
die Abfahrt (en)	le départ
an/kommen (sein)	arriver
die Ankunft	l'arrivée
die Auskunft (¨e)	le renseignement
der Bahnsteig (e)	le quai
das Gleis (e)	la voie
die Schiene (n)	le rail
ein/steigen (ie,ie) (sein)	monter
aus/steigen	descendre
um/steigen	changer
den Zug verpassen	manquer le train
die Verspätung	le retard

Einsteigen, bitte!	En voiture, s'il vous plaît !
Der Platz ist besetzt.	La place est occupée.
Einmal Augsburg, hin und zurück.	Un aller-retour Augsburg.
Der Zug hatte zehn Minuten Verspätung.	Le train avait un retard de dix minutes.

die Eisenbahn (en)	le chemin de fer
der Anschluss (¨e)	la correspondance
der Zuschlag (¨e)	le supplément
der Bahnübergang (¨e)	le passage à niveau
der Güterzug (¨e)	le train de marchandises
die Gepäckaufbewahrung	la consigne
das Schließfach (¨er)	la consigne (casier)
die Notbremse ziehen (o,o)	tirer la sonnette d'alarme
das Zugunglück (e)	l'accident de train
entgleisen (sein)	dérailler

Der Schnellzug aus Kiel fährt auf Bahnsteig 7 ein.	L'express en provenance de Kiel entre en gare au quai n° 7.
Ist es ein durchgehender Zug?	Est-ce un train direct ?

DER LUFTVERKEHR : *LE TRAFIC AÉRIEN*

das Flugzeug nehmen	prendre l'avion
nach Berlin fliegen (sein)	aller en avion à Berlin
einen Flug buchen	réserver un vol
annullieren	annuler
der Linienflug (¨e)	le vol de ligne
der Flughafen (¨)	l'aéroport
ab/fliegen (o,o) (sein)	décoller
landen (sein)	atterrir
die Crew	l'équipage
der Pilot (en,en)	le pilote
die Stewardess (en)	l'hôtesse de l'air
der Steward (s)	le steward

der Hin-und Rückflug	l'aller-retour
ein/checken	(s') enregistrer
der Abflug (¨e)	le décollage
die Landung (en)	l'atterrissage
die Zwischenlandung	l'escale
die Notlandung (en)	l'atterrissage forcé
notlanden (sein)	faire un atterrissage forcé
die Fluggesellschaft (en)	la compagnie aérienne
der Kontrollturm (¨e)	la tour de contrôle
der Radarschirm (e)	l'écran radar
der Flugzeugabsturz (¨e)	le crash
ab/stürzen (sein)	s'écraser
explodieren (sein)	exploser
der Bombenanschlag (¨e)	l'attentat à la bombe
ein Flugzeug entführen	détourner un avion
die Flugzeugentführung (en)	le détournement d'avion
der Luftpirat (en,en)	le pirate de l'air
jn bedrohen	menacer qn
sich hilflos fühlen	se sentir impuissant
der Flugschreiber (-)	la boîte noire

Wann muss ich einchecken?	Quand dois-je me présenter à l'enregistrement ?
Ich möchte meinen Flug umbuchen.	Je voudrais changer ma réservation.
Das Flugzeug war plötzlich vom Radarschirm verschwunden.	Soudain, l'avion avait disparu de l'écran radar.

DER SCHIFFSVERKEHR : *LA NAVIGATION*

das Schiff (e)	le bateau
mit dem Schiff	en bateau
das Segelboot (e)	le bateau à voile
die Fähre (n)	le bac
die Überfahrt (en)	la traversée
die Kreuzfahrt (en)	la croisière
seekrank sein	avoir le mal de mer
der Hafen (¨)	le port
an Bord gehen	monter à bord
von Bord gehen	descendre
die Besatzung (en)	l'équipage
der Kapitän (e)	le capitaine
der Matrose (n,n)	le matelot
unter/gehen (sein)	couler
der Untergang	le naufrage
sinken (a,u) (sein)	sombrer
ertrinken (a,u) (sein)	se noyer

Mann über Bord!	Un homme à la mer !
Wir haben eine Kreuzfahrt auf dem Mittelmeer gemacht.	Nous avons fait une croisière en Méditerranée.

der Leuchtturm (¨e)	le phare
der Kai (s)	le quai
am Kai liegen (a,e)	être à quai
der Anker (-)	l'ancre
vor Anker liegen (a,e)	être à l'ancre
das Kriegsschiff	le bateau de guerre
das U-Boot (e)	le sous-marin
das Ruderboot (e)	le bateau à rames
das Luftkissenboot	l'aéroglisseur
das Rettungsboot (e)	le canot de sauvetage
der Rettungsring (e)	la bouée de sauvetage
die Schwimmweste (n)	le gilet de sauvetage
der Kahn (¨e)	la barque
das Deck (s)	le pont
der blinde Passagier	le passager clandestin
der Schiffbruch	le naufrage
Schiffbruch erleiden (i,i)	faire naufrage
das Wrack (s)	l'épave
der Überlebende (n,n)	le rescapé
überleben	survivre
die Welle (n)	la vague
hohe Wellen	de grosses vagues
die See	la mer
auf hoher See	en haute mer
ruhig	calme
der Eisberg (e)	l'iceberg
schwanken	tanguer
kentern (sein)	chavirer

IN DER STADT
EN VILLE

die Stadt (¨e)	la ville
die Großstadt (¨e)	la grande ville
die Kleinstadt (¨e)	la petite ville
die Hauptstadt (¨e)	la capitale
die Altstadt (¨e)	la vieille ville
der Stadtteil (e), das Viertel (-)	le quartier
die Stadtmitte, das Zentrum	le centre ville
der Vorort (e)	la banlieue
in der Nähe von	près de
weit entfernt von	loin de

Er wohnt in einem Vorort von Bonn.	Il habite dans la banlieue de Bonn.
Er wohnt außerhalb der Stadt.	Il habite à l'extérieur de la ville.
Bis zur Stadtmitte braucht man 10 Minuten.	Il faut dix minutes pour aller au centre ville.

der Einwohner (-)	l'habitant
der Stadtbewohner (-), der Städter (-)	le citadin
die Bevölkerung	la population
dicht bevölkert	très peuplé
sich aus/dehnen	s'étendre
die Umgebung (en)	les environs
pendeln	faire la navette
der Pendler (-)	le banlieusard
das Elendsviertel (-)	le bidonville
wieder auf/bauen	reconstruire
der Wiederaufbau	la reconstruction
modernisieren	moderniser
renovieren	rénover
sanieren	assainir
die Sanierung	l'assainissement
ab/reißen (i,i)	démolir
der Abriss	la démolition
ein/stürzen	s'effondrer
die Trümmer	les ruines
die Grünanlage (n)	l'espace vert

Er pendelt zwischen Wohnung und Arbeitsstelle hin und her.	Il fait la navette entre son habitation et son lieu de travail.
Hamburg hat über zwei Millionen Einwohner.	Hamburg a plus de deux millions d'habitants.

AUF DER STRAßE : *DANS LA RUE*

die Straße (n)	la rue, la route
der Platz (¨e)	la place
der Weg (e)	le chemin
der Radfahrweg	la piste cyclable
der Bürgersteig (e), das Trottoir (s)	le trottoir

der Tunnel (s)	le tunnel
die Fußgängerzone (n)	la zone piétonnière
der Zebrastreifen (-)	le passage pour piétons
die Straße überqueren, über die Straße gehen	traverser la rue
geradeaus	tout droit
um die Ecke biegen (o,o) (sein)	tourner au coin de la rue
rechts ab/biegen (sein)	tourner à droite
die Kreuzung (en)	le croisement
die Brücke (n)	le pont
die Telefonzelle (n)	la cabine téléphonique
der Briefkasten (¨)	la boîte aux lettres
der Park (s)	le parc
der Parkplatz (¨e)	le parking
die Parkuhr (en)	le parcmètre
der Parkschein (e)	le ticket de parking
das Parkhaus (¨er)	le parking couvert

Die Parkuhr ist abgelaufen.	Le temps de stationnement est dépassé.
Bitte Einfahrt (Ausfahrt) freihalten.	Prière de ne pas stationner.
Wir wohnen in der Goethestraße.	Nous habitons rue Goethe.
Kinder spielen auf der Straße.	Des enfants jouent dans la rue.

die Hauptstraße	la rue principale
eine verkehrsreiche Straße	une rue passante
die Seitenstraße, die Nebenstraße	la rue latérale
die Querstraße	la rue perpendiculaire
eine Einbahnstraße	une rue à sens unique
die Gasse (n)	la ruelle
die Sackgasse	le cul-de-sac
der Kreisverkehr	le sens giratoire
die Unterführung (en)	le passage souterrain
das Verkehrsschild (er)	le panneau de signalisation
der Wegweiser (-)	le panneau indicateur
die Bauarbeiten	les travaux
gesperrt	barré
sich verirren	se perdre
die Tiefgarage (n)	le parking souterrain

Anlieger frei.	Interdit sauf aux riverains.
Die Straße ist wegen Bauarbeiten gesperrt.	La rue est barrée en raison de travaux.

DIE ÖFFENTLICHEN VERKEHRSMITTEL
LES TRANSPORTS EN COMMUN

der Bus (se)	le bus, le car
die Bushaltestelle (n)	l'arrêt de bus
auf den Bus warten	attendre le bus
mit dem Bus fahren (u,a,ä) (sein)	prendre le bus
in den Bus steigen (ie,ie) (sein)	monter dans le bus
(aus dem Bus) **aus/steigen**	descendre (du bus)
die Straßenbahn (en)	le tramway
die Straßenbahn-haltestelle	l'arrêt de tramway
die U-Bahn (Untergrundbahn)	le métro
die U-Bahn-Station (en)	la station de métro
der Fahrschein (e)	le billet
den Fahrschein entwerten	composter le billet
die Richtung (en)	la direction
die S-Bahn (en)	équiv. du RER
das Taxi (s)	le taxi
ein Taxi an/halten (ie,a,ä)	arrêter un taxi
der Taxistand (¨e)	la station de taxis
der Taxifahrer (-)	le chauffeur de taxi

In welche Richtung fährt die Linie 9?	Dans quelle direction va la ligne 9 ?
Sie fährt in Richtung Zoo.	Elle va en direction du zoo.

GEBÄUDE : *LES BÂTIMENTS*

das Gebäude (-)	le bâtiment
das Hochhaus (¨er)	l'immeuble
das Rathaus	la mairie
das Krankenhaus	l'hôpital
die Klinik (en)	la clinique
die Kirche (n)	l'église
der Dom (e)	la cathédrale
die Burg (en)	le château fort
das Schloss (¨er)	le château
das Museum (Museen)	le musée
die Oper (n)	l'opéra
das Theater (-)	le théâtre
das Kino (s)	le cinéma
die Post	la poste
der Bahnhof (¨e)	la gare
der Hafen (¨)	le port
der Flughafen (¨)	l'aéroport
die Feuerwehr	les pompiers
das Restaurant (s)	le restaurant
das Café (s)	le salon de thé
das Stadion (ien)	le stade
der Fußballplatz (¨e)	le terrain de football
die Bank (en)	la banque
der Brunnen (-)	la fontaine

Wie komme ich am besten zur Oper?	Pour aller à l'opéra, s'il vous plaît ?
Ich wohne etwa 100 Meter von der Schule entfernt.	J'habite à une centaine de mètres de l'école.
Wer holt mich vom Flughafen ab?	Qui viendra me chercher à l'aéroport ?

das Denkmal (¨er)	le monument
der Häuserblock (s)	le pâté de maisons
der Wolkenkratzer (-)	le gratte-ciel
die Sparkasse (n)	la caisse d'épargne
die Kapelle (n)	la chapelle
das Kloster (¨)	le cloître
die Stadtmauer (n)	le mur d'enceinte
die Hängebrücke (n)	le pond suspendu
das Nachtlokal (e)	la boîte de nuit
die Bar (s)	le bar
das Kasino (s)	le casino
das Studentenheim (e)	le foyer d'étudiants
das Kinderheim	le foyer d'enfants
das Altersheim	le foyer pour personnes âgées
das Postamt (¨er)	le bureau de poste
das Verkehrsamt	le syndicat d'initiative
das Arbeitsamt	le bureau pour l'emploi
das Polizeirevier (e)	le commissariat de police
das Gefängnis (se)	la prison
die Eislaufhalle (n)	la patinoire
die Markthalle (n)	le marché couvert

EINKAUFEN
FAIRE LES COURSES

kaufen	acheter
verkaufen	vendre
einkaufen gehen	(aller) faire des courses
Einkäufe machen	faire des achats
der Kunde (n,n)	le client
das Geschäft (e)	le magasin
der Laden (¨)	la boutique
das Einkaufszentrum (en)	le centre commercial
das Schaufenster (-)	la vitrine
ausgestellt sein	être exposé
das Kaufhaus (¨er)	le grand magasin
der Supermarkt (¨e)	le supermarché
öffnen	ouvrir
schließen (o,o)	fermer
die Öffnungszeiten	les heures d'ouverture
durchgehend geöffnet	ouvert sans interruption
der Markt (¨e)	le marché
auf den Markt gehen	aller au marché
die Abteilung (en)	le rayon
die Lebensmittelabteilung	le rayon d'alimentation
der Verkäufer (-)	le vendeur
die Verkäuferin (nen)	la vendeuse
die Rolltreppe (n)	l'escalier roulant
der Aufzug (¨e)	l'ascenseur
der Einkaufswagen (-)	le chariot, le caddie
schieben (o,o)	pousser
der Einkaufskorb (¨e)	le panier
das Regal (e)	l'étagère
die Kasse (n)	la caisse
kosten	coûter
bezahlen	payer
verpacken	emballer
die Verpackung (en)	l'emballage
der Preis (e)	le prix
billig ≠ teuer	bon marché ≠ cher
nach dem Preis fragen	demander le prix
die Preise vergleichen (i,i)	comparer les prix
hoch ≠ niedrig	élevé ≠ bas
Geld aus/geben (a,e,i)	dépenser de l'argent

DIE GESCHÄFTE : *LES MAGASINS*

das Schreibwarengeschäft (e)	la papeterie
das Spielwarengeschäft	le magasin de jouets
das Schuhgeschäft	le magasin de chaussures
das Modegeschäft	le magasin de mode
das Lebensmittelgeschäft	l'épicerie
die Bäckerei (en)	la boulangerie
der Bäcker (-)	le boulanger
die Konditorei (en)	la pâtisserie
die Fleischerei, Metzgerei	la boucherie
der Fleischer, Metzger	le boucher
die Buchhandlung (en)	la librairie
der Zeitungshändler (-)	le marchand de journaux
die Apotheke (n)	la pharmacie

Was darf's sein?	Vous désirez ?
Wie viel macht das?	Cela fait combien ?
Das ist Ihre Größe.	C'est votre taille.

einen Einkaufsbummel machen	faire du lèche-vitrines
das Angebot (e)	l'offre
das Sonderangebot (e)	la promotion
die Nachfrage (n)	la demande
um/tauschen (gegen)	échanger (contre)
der Umtausch	l'échange
der Schlußverkauf	les soldes
ein gutes Geschäft machen	faire une bonne affaire
der Kundendienst (e)	le service après-vente
eine Menge Leute	une foule de gens
Schlange stehen	faire la queue
sich vor/drängen	se faufiler (pour passer devant)
ein günstiger Preis	un prix avantageux
steigen (ie,ie) (sein)	augmenter (intrans.)
sinken (a,u) (sein)	baisser (intrans.)
die Preise erhöhen	augmenter les prix
die Preise senken	baisser les prix
die Ermäßigung (en)	la réduction
heraus/geben (a,e,i)	rendre la monnaie
der Verbraucher (-), der Konsument (en,en)	le consommateur
sich (D) etw. leisten können	pouvoir se payer qc
anspruchsvoll	exigeant
auf etw. (A) **verzichten**	renoncer à qc
sich einschränken	se restreindre
sparsam	économe
auf etw. (A) **sparen**	économiser pour (s'acheter qc)
auf Kredit kaufen	acheter à crédit
sich verschulden	s'endetter

In welcher Preislage?	Dans quel ordre de prix ?
Das kann ich mir nicht leisten.	Je ne peux pas me l'offrir.
Kann ich den Pulli gegen einen größeren umtauschen?	Puis-je échanger ce pull contre un plus grand ?
Ich habe 20% Ermäßigung auf die Schuhe bekommen.	J'ai eu une réduction de 20 % sur les chaussures.
Ich kaufe immer alles im Schlußverkauf.	J'achète toujours tout au moment des soldes.
Der Benzinpreis ist um 5 % gestiegen.	Le prix de l'essence a augmenté de 5 %.
Können Sie auf 500 Mark herausgeben?	Pouvez-vous me rendre la monnaie sur 500 marks ?

DIE NATUR
LA NATURE

ÜBER BERG UND TAL
PAR MONTS ET PAR VAUX

der Berg (e)	la montagne
das Gebirge	les montagnes
ins Gebirge, in die Berge fahren	aller à la montagne
der Hügel (-)	la colline
hügelig	vallonné
der Felsen (-)	le rocher
das Tal (¨er)	la vallée
die Landschaft	le paysage
malerisch	pittoresque

die Bergkette (n)	la chaîne de montagnes
sich erheben (o,o)	s'élever
der Gipfel (-)	le sommet
der Abgrund (¨e)	l'abîme
die Schlucht (en)	la gorge
steil	à pic
der Pass (¨e)	le col
einen Pass überqueren	franchir un col
der Gletscher (-)	le glacier
die Höhle (n)	la grotte
die Lawine (n)	l'avalanche
die Ebene (n)	la plaine
sich erstrecken	s'étendre
flach	plat

Die Straße geht bergauf / bergab.	La route monte / descend.
Eine Lawine hat fünf Skifahrer unter sich begraben.	Une avalanche a englouti cinq skieurs.

AM WASSER : *AU BORD DE L'EAU*

das Wasser	l'eau
sauber ≠ schmutzig	propre ≠ sale
tief	profond
nass	mouillé
feucht	humide
der Fluss (¨e)	le fleuve
die Donau	le Danube
der Rhein	le Rhin
der Nebenfluss	l'affluent
fließen (o,o) (sein)	couler
der See (n)	le lac
der Bodensee	le lac de Constance
das Ufer (-)	la rive, la berge
am Ufer	au bord de l'eau
das Meer (e)	la mer
das Mittelmeer	la Méditerranée
die Küste (n)	la côte
die Nordsee	la Mer du Nord
die Ostsee	la Mer Baltique
der Ärmelkanal	la Manche
der Ärmelkanaltunnel	le tunnel sous la Manche
der Ozean (e)	l'océan
der Atlantik	l'Océan Atlantique
die Insel (n)	l'île
die Halbinsel	la presqu'île

die Quelle (n) la source
entspringen (a,u) (sein) prendre sa source
der Bach (¨e) le ruisseau
flussaufwärts en amont
flussabwärts en aval
die Mündung (en) l'embouchure
in das Meer münden se jeter dans la mer
die Welle (n) la vague

sich brechen (a,o,i) se briser
Ebbe und Flut le flux et le reflux
bei Flut à marée haute

der Sumpf (¨e) le marais
der Teich (e) l'étang
die Pfütze (n) la flaque

Die Donau entspringt im Schwarzwald und mündet in das Schwarze Meer.
Bei Ebbe muss man ein hundert Meter laufen, um sich zu baden.

Le Danube prend sa source dans la Forêt Noire et se jette dans la Mer Noire.
A marée basse, il faut faire cent mètres pour aller se baigner.

IM WALD : *DANS LA FORÊT*

der Wald (¨er) la forêt
dicht touffu, épais
der Baum (¨e) l'arbre
der Stamm (¨e) le tronc
der Ast (¨e) la branche
das Blatt (¨er) la feuille
seine Blätter verlieren (o,o) perdre ses feuilles
die Wurzel (n) la racine
der Busch (¨e) le buisson

die Tanne (n) le sapin
die Nadel (n) l'aiguille
das Laub le feuillage
die Eiche (n) le chêne
das Holz le bois
der Schatten l'ombre
der Pilz (e) le champignon
essbar comestible
giftig vénéneux

der Waldrand la lisière
die Lichtung (en) la clairière
einen Baum fällen abattre un arbre
die Säge (n) la scie
der Waldarbeiter (-) le bûcheron

das Waldsterben la mort des forêts
gefährdet sein être menacé

geschädigt sein être endommagé
der Waldbrand (¨e) l'incendie de forêt
brennen (brannte, gebrannt) brûler
der saure Regen la pluie acide
das Abholzen der Wälder le déboisement des forêts
der Regenwald la forêt tropicale

AUF DEM LANDE : *A LA CAMPAGNE*

das Land la campagne
auf dem Lande leben vivre à la campagne
aufs Land fahren aller à la campagne
das Landleben la vie à la campagne
die Wiese (n) la prairie
das Gras (¨er) l'herbe
das Feld (er) le champ

das Dorf (¨er) le village
abgelegen isolé
der Dorfbewohner (-) le villageois
der Dorfplatz (¨e) la place du village
der Brunnen (-) la fontaine
friedlich paisible

AUF DEM BAUERNHOF : *A LA FERME*

der Bauernhof (¨e)	la ferme
der Hof	la cour
der Stall (¨e)	l'étable
der Hühnerstall	le poulailler
die Scheune (n)	la grange
der Bauer (n,n)	le paysan
die Bäuerin (nen)	la paysanne
der Landarbeiter (-)	l'ouvrier agricole
das Haustier (e)	l'animal domestique
das Rind (er)	le boeuf
die Kuh (¨e)	la vache
der Stier (e)	le taureau
das Kalb (¨er)	le veau
das Schwein (e)	le cochon
das Schaf (e)	le mouton
eine Herde Schafe	un troupeau de moutons
eine Herde hüten	garder un troupeau
das Geflügel	la volaille
das Huhn (¨er)	la poule
der Hahn (¨e)	le coq
krähen	chanter
die Gans (¨e)	l'oie
die Ente (n)	le canard
der Garten (¨)	le jardin
die Pflanze (n)	la plante
der Rasen	le gazon, la pelouse
gießen (o,o)	arroser
die Gießkanne (n)	l'arrosoir
die Blume (n)	la fleur
pflücken	cueillir
der Blumenstrauß (¨e)	le bouquet de fleurs
die Rose (n)	la rose
die Tulpe (n)	la tulipe
der Flieder	le lilas
der Obstgarten (¨)	le verger
der Obstbaum (¨e)	l'arbre fruitier
der Apfelbaum (¨e)	le pommier
der Kirschbaum (¨e)	le cerisier
wachsen (u,a,ä) (sein)	pousser

Bitte, Hunde an der Leine führen!	Prière de tenir les chiens en laisse !
Vorsicht, bissiger Hund!	Attention, chien méchant !
Immer mehr Bauern ziehen in die Stadt.	De plus en plus de paysans vont s'installer en ville.

die Landwirtschaft	l'agriculture
der Landwirt (e)	l'agriculteur
das Vieh	le bétail
Vieh züchten	élever du bétail
die Viehzucht	l'élevage de bétail
die Rinderzucht	l'élevage bovin
weiden	paître
die Weide	le pâturage
das Heu	le foin
schlachten	abattre
die Rinderseuche, der Rinderwahnsinn	la maladie de la vache folle
Eier legen	pondre
gackern	caqueter
das Küken (-)	le poussin
säen	semer
das Getreide	les céréales
das Korn	le blé
mähen	faucher
die Sense (n)	la faux
die Ernte (n)	la récolte
das Stroh	la paille
mahlen	moudre
die Mühle (n)	le moulin
der Müller (-)	le meunier
der Hopfen	le houblon
Bier brauen	brasser de la bière
die Brauerei (en)	la brasserie
der Weinbau	la viticulture
der Weinbauer (n,n)	le viticulteur
der Weinberg (e)	le vignoble
die Weintraube (n)	le raisin
die Weinlese (n)	les vendanges
ein guter Jahrgang	un bon millésime
die Weinprobe (n)	la dégustation de vins
der Boden (¨)	le sol
fruchtbar	fertile
Mais an/bauen	cultiver du maïs
blühen	fleurir
die Blüte (en)	la floraison
der Stängel (-)	la tige
verwelken	fâner
welk	fâné

UMWELTVERSCHMUTZUNG UND UMWELTSCHUTZ
LA POLLUTION ET LA PROTECTION DE L'ENVIRONNEMENT

die Umwelt	l'environnement
der Umweltschutz	la protection de l'environnement
schützen	protéger
der Umweltschützer (-)	l'écologiste
die Grünen	les verts
sich ein/setzen (für)	s'engager (pour)
schonen	ménager
umweltschonend, umweltfreundlich	écologique
biologisch abbaubar	biodégradable
Maßnahmen ergreifen (i,i)	prendre des mesures
zerstören	détruire
verschmutzen	polluer
der Umwelt schaden	nuire à l'environnement
umweltschädlich, umweltfeindlich	nuisible à l'environnement
gefährden	mettre en danger
eine Bedrohung dar/stellen	représenter une menace

DIE LUFTVERSCHMUTZUNG : *LA POLLUTION DE L'AIR*

die Luft	l'air
der Staub	la poussière
der Asbest	l'amiante
der Rauch	la fumée
die Fabrik (en)	l'usine
die Abgase	les gaz d'échappement
das Ozon	l'ozone
die Ozonschicht	la couche d'ozone
das Loch in der Ozonschicht	le trou dans la couche d'ozone
größer werden	s'agrandir

der Treibhauseffekt	l'effet de serre
die UV-Strahlung	le rayonnement ultra-violet
Krebs erregend	cancérigène
der Smogalarm	l'alerte au smog
das bleifreie Benzin	l'essence sans plomb
der Katalysator (en,en)	le catalyseur
die Klimakatastrophe	la catastrophe climatique

DIE WASSERVERSCHMUTZUNG
LA POLLUTION DE L'EAU

das Trinkwasser	l'eau potable
das Grundwasser	la nappe phréatique
die Abwässer	les eaux usées
die Kläranlage (n)	la station d'épuration
der Industriemüll	les déchets industriels
der Giftstoff (e)	le produit toxique
die Düngemittel	les engrais
düngen	mettre des engrais
die Ölpest	la marée noire
das Erdöl	le pétrole
der Tanker (-)	le pétrolier
Schiffbruch erleiden (i,i)	faire naufrage
ins Meer laufen (sein)	se déverser dans la mer
der Ölteppich (e)	la nappe de pétrole
sich ausbreiten	s'étendre
säubern	nettoyer

DIE ABFALLENTSORGUNG
LE TRAITEMENT DES DÉCHETS

der Abfall(¨e), der Müll	les déchets
der Abfalleimer, der Mülleimer (-)	la poubelle
die Mülltonne (n)	la grande poubelle
die Müllabfuhr	le service d'enlèvement des ordures
die Abfälle entsorgen	traiter les déchets
die Pfandflasche (n)	la bouteille consignée
die Wegwerfflasche (n)	la bouteille à jeter
die Verpackung (en)	l'emballage
die Deponie (n)	la décharge
wieder verwerten	recycler
die Wiederverwertung, das Recycling	le recyclage
die Müllverbrennungs-anlage(n)	l'usine d'incinération
den Müll sortieren	faire le tri des déchets
der Atommüll	les déchets atomiques
radioaktiv	radioactif
lagern	stocker
verseucht	contaminé

TIERE UND TIERSCHUTZ
LES ANIMAUX ET LA PROTECTION DES ANIMAUX

TIERE : *LES ANIMAUX*

Haustiere unter : AUF DEM BAUERNHOF

das Tier (e)	l'animal
der Hund (e)	le chien
bellen	aboyer
beißen (i,i)	mordre
die Leine (n)	la laisse
die Katze (n)	le chat
fangen (i,a,ä)	attraper
die Maus (¨e)	la souris
das Meerschweinchen (-)	le cochon d'Inde
der Hamster (-)	le hamster
das Pferd (e)	le cheval
reiten (i,i) (sein)	faire du cheval
der Vogel (¨)	l'oiseau
fliegen (o,o) (sein)	voler
weg/fliegen	s'envoler
die Feder (n)	la plume
der Flügel (-)	l'aile
der Schnabel (¨)	le bec
das Nest (er)	le nid
das Junge (adj. subst.)	le petit
der Käfig (e)	la cage
der Fisch (e)	le poisson
schwimmen (a,o)	nager
der Wolf (¨e)	le loup
heulen	hurler
der Hase (n,n)	le lièvre
der Fuchs (¨e)	le renard
das Reh (e)	le chevreuil
der Löwe (n,n)	le lion
wild	féroce, sauvage
der Tiger (-)	le tigre
der Bär (en,en)	l'ours
der Elefant (en,en)	l'éléphant
die Giraffe (n)	la girafe
der Affe (n,n)	le singe
das Krokodil (e)	le crocodile

So ein Angsthase!	Quel froussard !
Du hast einen Vogel!	Tu es fou !
Ich habe einen Bärenhunger.	J'ai une faim de loup.

die Ziege (n)	la chèvre
der Esel (-)	l'âne
schreien (ie,ie)	braire
das Kaninchen (-)	le lapin
streicheln	caresser
das Futter	la nourriture (animaux)
füttern	donner à manger
die Beute (n)	la proie
der Spatz (en,en)	le moineau
die Taube (n)	le pigeon
der Adler (-)	l'aigle
der Wellensittich (e)	la perruche
der Kanarienvogel (¨)	le canari
der Schwan (¨e)	le cygne
der Papagei (en)	le perroquet
die Forelle (n)	la truite
der Lachs (e)	le saumon
der Hai (e)	le requin
der Wal (e)	la baleine
zum Fischen gehen	aller à la pêche
das Insekt (en)	l'insecte
die Biene (n)	l'abeille
stechen (a,o,i)	piquer
die Fliege (n)	la mouche
die Mücke (n)	le moustique
der Floh (¨e)	la puce
der Schmetterling (e)	le papillon
die Spinne (n)	l'araignée
das Spinnennetz (e)	la toile d'araignée
die Vogelspinne (n)	la mygale
die Schlange (n)	le serpent
kriechen (o,o) (sein)	ramper
der Frosch (¨e)	la grenouille

TIERSCHUTZ : *LA PROTECTION DES ANIMAUX*

der Tierschutz	la protection des animaux
schützen	protéger
der Tierschutzverein (e)	la société protectrice des animaux
die Tierart (en)	l'espèce animale
bedroht	menacé
aus/rotten	exterminer
aus/sterben (a,o,i) (sein)	disparaître
vom Aussterben bedroht sein	être menacé de disparition
vor dem Aussterben bewahren	protéger de la disparition
ein Tier quälen	être cruel envers un animal
die Tierquälerei (en)	la cruauté envers les animaux
eine Falle stellen	poser un piège
der Handel (mit)	le commerce (de)
das Elfenbein	l'ivoire
der Pelz (e)	la fourrure
der Zugvogel (¨)	l'oiseau migrateur
ab/schießen (o,o)	abattre
der Stierkampf (¨e)	la corrida
der Tierversuch (e)	l'expérience sur des animaux
grausam	cruel
die Grausamkeit	la cruauté

DAS WETTER UND NATURKATASTROPHEN
LE TEMPS ET LES CATASTROPHES NATURELLES

DAS WETTER
LE TEMPS

das Wetter	le temps
Es ist schön.	Il fait beau.
die Sonne	le soleil
sonnig	ensoleillé
auf/gehen (sein)	se lever
unter/gehen (sein)	se coucher
scheinen (ie,ie)	briller
der Mond	la lune
der Stern (e)	l'étoile
der Himmel	le ciel
am Himmel stehen	être dans le ciel
die Wolke (n)	le nuage
bewölkt	nuageux
der Regen	la pluie
regnen	pleuvoir
der Regenbogen (-)	l'arc-en-ciel
bei Regenwetter	par temps de pluie
regnerisch	pluvieux
trocken ≠ nass	sec ≠ mouillé
das Gewitter	l'orage
der Blitz (e)	l'éclair
Es blitzt.	Il fait des éclairs.
der Donner	le tonnerre
Es donnert.	Le tonnerre gronde.
der Schnee	la neige
die Schneeflocke (n)	le flocon de neige
schneien	neiger
schmelzen (o,o,i) (sein)	fondre
die Temperatur (en)	la température
niedrig	bas
5 Grad	5 degrés
minus 2 (Grad)	moins 2
kalt / die Kälte	froid / le froid
Es ist kalt.	Il fait froid.
Mir ist kalt.	J'ai froid.
Es wird kalt.	Il commence à faire froid.
frieren (o,o)	avoir froid, geler
Ich friere. / Mich friert.	J'ai froid.
Es friert.	Il gèle.
kühl, frisch	frais
warm /die Wärme	chaud / la chaleur
heiß	très chaud
die Hitze	la grosse chaleur
das Eis	la glace
das Glatteis	le verglas
glatt	glissant
tauen	fondre
der Wind	le vent
wehen	souffler
Es ist windig.	Il fait du vent.
der Sturm (¨e)	la tempête
Es stürmt.	La tempête fait rage.
die Luft	l'air
der Nebel	le brouillard
(ein) dichter Nebel	un brouillard épais
nebelig	brumeux
bei Wind und Wetter	par tous les temps

Was für ein Wetter haben wir heute?	Quel temps fait-il aujourd'hui ?
Was für eine Hitze!	Quelle chaleur !
Mich friert an den Füßen.	J'ai froid aux pieds.

das Klima	le climat
die klimatischen Verhältnisse	les conditions climatiques
mild ≠ rau	doux ≠ rigoureux
der Wetterbericht	le bulletin météorologique
veränderlich	variable
der Sonnenstrahl (en)	le rayon de soleil
der Regentropfen (-)	la goutte d'eau
der Regenschauer (-)	l'averse
durchnässt	trempé
vom Blitz getroffen werden	être frappé par la foudre
schwül	lourd
der Hagel	la grêle
Es hagelt.	Il grêle.
der Durchzug	le courant d'air
Es zieht.	Il y a du courant d'air.
die Trockenheit, die Dürre (n)	la sécheresse
dürr	aride

Der Sturm hat sich gelegt.	La tempête s'est calmée.
Der See ist zugefroren.	Le lac a gelé.
Der Blitz hat eingeschlagen.	La foudre est tombée.
Es sieht nach Regen aus.	On dirait qu'il va pleuvoir.

NATURKATASTROPHEN
LES CATASTROPHES NATURELLES

die Katastrophe (n)	la catastrophe
katastrophal	catastrophique
das Erdbeben (-)	le tremblement de terre
beben	trembler
die Stärke	la force
der Erdrutsch (e)	le glissement de terrain
auf der Richterskala	sur l'échelle de Richter
ein/stürzen (sein)	s'effondrer
der Vulkan (e)	le volcan
der Vulkanausbruch (¨e)	l'éruption volcanique
aus/brechen (a,o,i) (sein)	entrer en éruption
der Krater (-)	le cratère
die Lava	la lave
die Asche	les cendres
ein erloschener Vulkan	un volcan au repos
die Lawine (n)	l'avalanche
die Überschwemmung (en)	l'inondation
das Hochwasser	la crue
über das Ufer treten (a,e,i) (sein)	déborder
der Damm (¨e)	la digue
brechen (a,o,i) (sein)	se briser, se rompre
der Tornado (s)	la tornade
der Orkan (e)	l'ouragan
der Waldbrand (¨e)	l'incendie de forêt
brennen (brannte, gebrannt)	brûler
das Feuer	le feu
die Flamme (n)	la flamme
der Rauch	la fumée
die Feuerwehr	les pompiers
der Feuerwehrmann (¨er)	le pompier
löschen	éteindre
sich aus/breiten	se propager

die Sicherheits-maßnahmen	les mesures de sécurité
an der Suche teil/nehmen	participer aux recherches
der Obdachlose (adj. subst.)	le sans abri
die humanitäre Hilfe	l'aide humanitaire
sich hilflos fühlen	se sentir impuissant
unverletzt	indemne

Die Rettung kam zu spät.	Les secours sont arrivés trop tard.
Das Katastrophengebiet ist von der Außenwelt abgeschnitten.	La zone sinistrée est coupée du monde extérieur.
Durch den Waldbrand wurden mehr als 2000 Hektar Pinienwald zerstört.	L'incendie de forêt a détruit plus de 2000 hectares de pinède.

ARBEITSWELT
LE MONDE DU TRAVAIL

AUF DER POST
A LA POSTE

die Post	la poste
auf die Post gehen, zur Post gehen	aller à la poste
der Schalter (-)	le guichet
der Brief (e)	la lettre
der Briefkasten (¨)	la boîte aux lettres
die Briefmarke (n)	le timbre
kleben	coller
die Postleitzahl (en)	le code postal
die Adresse (n)	l'adresse
der Absender (-)	l'expéditeur
der Umschlag (¨e)	l'enveloppe
einen Brief auf/geben (a,e,i)	poster une lettre
einen Brief ein/werfen (a,o,i)	mettre une lettre à la boîte
der Postbote (n,n)	le facteur

Du hast keine Briefmarke draufgeklebt.	Tu n'as pas collé de timbre.
Ich möchte eine Briefmarke zu einer Mark.	Je voudrais un timbre à un mark.

AM TELEFON : *AU TÉLÉPHONE*

das Telefon (e)	le téléphone
das Telefonbuch (¨er)	l'annuaire
die Telefonnummer (n)	le numéro de téléphone
eine Nummer wählen	composer un numéro
eine falsche Nummer	un mauvais numéro
jn an/rufen (ie,u)	appeler qn
der Anruf (e)	l'appel
der Hörer	l'écouteur

(den Hörer) ab/heben (o,o)	décrocher
auf/legen	raccrocher
der Anrufbeantworter (-)	le répondeur
eine Nachricht hinterlassen (ie,a,ä)	laisser un message
das Telefongespräch (e)	la conversation téléphonique
unterbrochen werden	être coupé
die Vorwahl	l'indicatif

Ich verbinde Sie mit Herrn Holl.	Je vous passe M. Holl.
Ruf mich in zehn Minuten zurück!	Rappelle-moi dans dix minutes !
Bei dir ist immer besetzt.	Chez toi c'est toujours occupé.
Bleiben Sie dran! / Legen Sie nicht auf!	Ne raccrochez pas !

IM BÜRO : *AU BUREAU*

das Büro (s)	le bureau
in einem Büro arbeiten	travailler dans un bureau
die Sekretärin (nen)	la secrétaire
zweisprachig	bilingue
die Post	le courrier
einen Brief beantworten, auf einen Brief antworten	répondre à une lettre
schreiben (ie,ie)	écrire
die Schreibmaschine (n)	la machine à écrire
tippen	taper

der Termin (e)	le rendez-vous
einen Termin vereinbaren	convenir d'un rendez-vous
der Terminkalender (-)	l'agenda
der Computer (-)	l'ordinateur
die Daten	les données
das Datennetz (e)	le réseau informatique
die Textverarbeitung	le traitement de texte
der Bildschirm (e)	l'écran
die Taste (n)	la touche
die Maus	la souris
speichern	enregistrer
der Speicher (-)	la mémoire
drucken	imprimer
der Drucker (-)	l'imprimante
das Fax (e)	le fax
faxen	faxer

DIE ARBEIT : *LE TRAVAIL*

die Arbeit	le travail
Arbeit suchen	chercher du travail
der Arbeitsuchende (adj. subst.)	le demandeur d'emploi
zur Arbeit gehen	aller au travail
die Stelle (n)	l'emploi
eine freie Stelle	un poste vacant
sich um eine Stelle bewerben (a,o,i)	solliciter un emploi
eine Bewerbung schreiben	écrire une lettre de candidature
der Lebenslauf (¨e)	le curriculum vitae
der Arbeitgeber (-)	l'employeur
der Arbeitnehmer (-)	le salarié
jn ein/stellen	engager qn
der Angestellte (adj. subst.)	l'employé
der leitende Angestellte	le cadre
der Beamte (adj. subst.)	le fonctionnaire
der Arbeiter (-)	l'ouvrier
der Gastarbeiter (-)	l'ouvrier immigré
der Beruf (e)	le métier
einen Beruf erlernen	apprendre un métier
der Lehrling (e), der Azubi (s) (der Auszubildende)	l'apprenti
die Ausbildung	la formation
die Lehre (n)	l'apprentissage
der Feiertag (e)	le jour férié
die Halbtagsarbeit	le mi-temps
die Überstunde (n)	l'heure supplémentaire
hart arbeiten	travailler dur
erschöpft sein	être épuisé
anstrengend	pénible
ermüdend	fatigant
überarbeitet sein	être surmené
befördert werden	être promu
Verantwortung übernehmen	prendre des responsabilités
Geld verdienen	gagner de l'argent
der Lohn (¨e)	le salaire
der Hungerlohn	le salaire de misère
das Gehalt (¨er)	le traitement
das Kindergeld	les allocations familiales
die Sozialversicherung	la sécurité sociale
die Rente, die Pension	la retraite
in Rente gehen	prendre sa retraite
der Rentner (-)	le retraité

FRAUEN BEI DER ARBEIT : *LES FEMMES AU TRAVAIL*

die Chancengleichheit	l'égalité des chances
die Gleichberechtigung	l'égalité des droits
für etw. kämpfen	se battre pour qc
außer Haus arbeiten	travailler à l'extérieur
berufstätig sein	exercer une activité professionnelle
die Diskriminierung	la discrimination
voreingenommen sein (gegenüber + D)	avoir des préjugés (envers)
ehrgeizig	ambitieux
der Ehrgeiz	l'ambition
sich entfalten	s'épanouir
unterbezahlt sein	être sous-payé
die sexuelle Belästigung (en)	le harcèlement sexuel
das Familienleben	la vie de famille
die Kinder vernachlässigen	délaisser les enfants
doppelt belastet sein	avoir une double charge
sich minderwertig fühlen	se sentir inférieur
sich eingesperrt fühlen	se sentir enfermé
die Hausarbeiten teilen	partager les corvées ménagères
auf Mutterschaftsurlaub sein	être en congé de maternité
die Tagesmutter	la nourrice

DIE ARBEITSLOSIGKEIT : *LE CHÔMAGE*

die Arbeitslosigkeit	le chômage
arbeitslos sein	être au chômage
der Arbeitslose (adj. subst.)	le chômeur
seinen Arbeitsplatz verlieren (o,o)	perdre son emploi
jn entlassen (ie,a,ä)	licencier qn
die Entlassung (en)	le licenciement
sich schämen	avoir honte
verzweifelt	désespéré
die Verzweiflung	le désespoir
das Arbeitsamt (¨er)	l'ANPE
die Umschulung	la reconversion
sich umschulen	se recycler
das Arbeitslosengeld	l'allocation chômage
schwarz arbeiten	travailler au noir
das Existenzminimum	le minimum vital
bescheiden leben	vivre modestement
in Armut leben	vivre dans la pauvreté
auf etw. (A) verzichten	renoncer à qc
der Außenseiter (-)	le marginal
der Bettler (-)	le mendiant
betteln	mendier
unter freiem Himmel schlafen (ie,a,ä)	dormir à la belle étoile
obdachlos sein	être sans abri
der Obdachlose (adj. subst.)	le sans-abri
ohne festen Wohnsitz	sans domicile fixe
ein Haus besetzen	squattériser une maison

Die Arbeitslosigkeit nimmt von Jahr zu Jahr zu.	Le chômage augmente d'année en année.
Mehrere Arbeiter wurden entlassen.	Plusieurs ouvriers ont été licenciés.

DER STREIK : *LA GRÈVE*

die Gewerkschaft (en)	le syndicat
die Sicherheit des Arbeitsplatzes	la sécurité de l'emploi
Arbeitsplätze schaffen	créer des emplois
die Arbeitsbedingungen	les conditions de travail
die Arbeitszeit verkürzen	réduire la durée du travail
die 35-Stunden-Woche	la semaine de 35 heures
ausgebeutet werden	être exploité
die Lohnerhöhung (en)	l'augmentation de salaire
verlangen	demander
fordern	revendiquer
der Streik (s)	la grève
streiken	faire grève
einen Streik an/kündigen	annoncer une grève
zum Streik auf/rufen	appeler à la grève
die Arbeit nieder/legen	cesser le travail
die Arbeit wieder auf/nehmen	reprendre le travail
lähmen	paralyser
teilnehmen (an + D)	participer (à)
der Protest (e)	la protestation
protestieren	protester
demonstrieren	manifester
die Demonstration (en)	la manifestation
die Ausschreitungen	les débordements
verhandeln	négocier
zu einer Einigung kommen	parvenir à un accord

WIRTSCHAFT
L'ÉCONOMIE

AUF DER BANK
A LA BANQUE

der Geldautomat (en,en)	le distributeur de billets
der Schalter (-)	le guichet
die Kasse (n)	la caisse
der Geldschein (e)	le billet de banque
das Kleingeld	la petite monnaie
Geld aus/geben	dépenser de l'argent
sparen	économiser
die Sparkasse (n)	la caisse d'épargne
das Sparbuch (¨er)	le livret d'épargne
die Sparbüchse (n)	la tirelire
sparsam	économe
die Ersparnisse	les économies
jm Geld leihen (ie,ie)	prêter de l'argent à qn
sich (D) von jm Geld leihen	emprunter de l'argent à qn
jm Geld schulden	devoir de l'argent à qn
zurück/zahlen	rembourser

Geld wechseln	changer de l'argent
der Geldwechsel	le change
die Mark (-)	le mark
der Pfennig (e)	le pfennig
der französische Franc	le franc français
der Schweizer Franken	le franc suisse
der Dollar (s)	le dollar
Mark in Francs (um)wechseln	changer des marks en francs

Ich musste mir das Geld leihen.	J'ai dû emprunter l'argent.
Kannst du mir fünf Mark leihen?	Peux-tu me prêter cinq marks ?
Ihre ganzen Ersparnisse wurden gestohlen.	Toutes ses économies lui ont été volées.
Du schuldest mir zehn Mark.	Tu me dois dix marks.
Ich möchte fünf hundert Francs in Mark umwechseln.	J'aimerais changer cinq cents francs en marks.
Geben Sie mir bitte Scheine und auch etwas Kleingeld.	Donnez-moi des billets et aussi un peu de petite monnaie, s'il vous plaît.

das Bankkonto (ten)	le compte en banque
ein Konto eröffnen	ouvrir un compte
Geld auf ein Konto ein/zahlen	verser de l'argent sur un compte
Geld ab/heben (o,o)	retirer de l'argent
der Betrag (¨e)	le montant
die Summe (n)	la somme
die Zinsen	les intérêts
im Minus sein	être dans le rouge
bar zahlen	payer comptant
das Bargeld	l'argent en espèces
Geld auf die Seite legen	mettre de l'argent de côté

der Tresor (e)	le coffre-fort
der Scheck (s)	le chèque
auf Kredit kaufen	acheter à crédit
Schulden machen	faire des dettes
verschuldet sein	être endetté
der Wucherer (-)	l'usurier
der Wechselkurs (e)	le taux de change
die Währung (en)	la monnaie
auf/werten / ab/werten	réévaluer / dévaluer
das Pfund (-)	la livre
der österreichische Schilling (e)	le schilling autrichien

Wie ist der Wechselkurs?	Quel est le taux du change ?
Ich möchte dies auf mein Konto einzahlen.	Je voudrais verser ceci sur mon compte.

DIE WIRTSCHAFT : *L'ÉCONOMIE*

die wirtschaftliche Lage	la situation économique
sich verbessern	s'améliorer
sich verschlechtern	s'aggraver
sich verlangsamen	se ralentir
sich entwickeln	se développer
die Aussichten	les perspectives
die Wirtschaftskrise (n)	la crise économique
Maßnahmen ergreifen (i,i)	prendre des mesures
das Wachstum	la croissance
der Lebensstandard	le niveau de vie
der Wohlstand	la prospérité
wohlhabend sein	être aisé
das Vermögen	la fortune
vermögend	fortuné
der Kapitalismus	le capitalisme
die freie Marktwirtschaft	l'économie de marché
die Konkurrenz	la concurrence
das Privateigentum	la propriété privée
privatisieren	privatiser
verstaatlichen	nationaliser
die Planwirtschaft	l'économie planifiée
der Zusammenbruch	l'effondrement
zusammen/brechen (a,o,i) (sein)	s'effondrer
das Finanzamt (¨er)	Le Trésor Public
die Steuer (n)	l'impôt
der Steuerzahler (-)	le contribuable
das Einkommen (-)	le revenu
der Umsatz (¨e)	le chiffre d'affaires
die Umsatzsteuer	l'impôt sur le chiffre d'affaires
die Entwicklungshilfe	l'aide aux pays en voie de développement
die Entwicklungsländer	les pays en voie de développement
die Dritte Welt	le Tiers Monde
zusammen/arbeiten	coopérer
die humanitäre Hilfe	l'aide humanitaire
arm	pauvre
die Armut	la pauvreté
die Not	la détresse
Not leiden (litt,gelitten)	se trouver dans le besoin
verarmen	s'appauvrir

DER HANDEL : *LE COMMERCE*

die Handelsbeziehungen	les relations commerciales
Handel treiben (ie,ie)	faire du commerce
der Export	l'exportation
der Import	l'importation
der Geschäftsmann (leute)	l'homme d'affaires
das Unternehmen (-)	l'entreprise
ein Unternehmen gründen	créer une entreprise
an der Spitze eines Unternehmens stehen	être à la tête d'une entreprise
sein Geld verschwenden	gaspiller son argent
über seine Verhältnisse leben	vivre au-dessus de ses moyens
bestellen	commander
liefern	livrer
der Transport	le transport
die Verpackung (en)	l'emballage
die Versicherung (en)	l'assurance
versichert sein	être assuré
der Schaden (¨)	le dommage
beschädigt	endommagé
die Entschädigung	le dédommagement
entschädigt werden	être dédommagé
der Schadenersatz	l'indemnisation
Schadenersatz verlangen	demander des dommages et intérêts
die Kosten	les frais
die Börse (n)	la bourse
spekulieren	spéculer
die Aktie (n)	l'action
der Gewinn (e)	le bénéfice
einen Verlust machen	essuyer une perte
Konkurs machen	faire faillite

STAAT UND POLITIK
L'ÉTAT ET LA POLITIQUE

der Staat (en)	l'Etat
die Staatsangehörigkeit (en)	la nationalité
die Grenze (n)	la frontière
die Politik	la politique
sich für Politik interessieren	s'intéresser à la politique
der Politiker (-)	l'homme politique
die Bundesrepublik	la République Fédérale
das Ministerium (en)	le ministère
der Minister (-)	le ministre
der Außenminister	le ministre des affaires étrangères
der Innenminister	le ministre de l'intérieur
die Demokratie (n)	la démocratie
das Parlament (e)	le parlement
die Regierung (en)	le gouvernement
regieren	gouverner

der Bund	la Fédération
der Bundesstaat	l'état fédéral
das (Bundes)land (¨er)	le "Land"
der Bundespräsident (en,en)	le président de la RFA
der Bundestag	le parlement fédéral
der Abgeordnete (adj. subst.)	le député
der Bundeskanzler	le Chancelier Fédéral
zurück/treten (a,e,i) (sein)	démissionner
ernennen (zu)	nommer
der Bundesrat	le "Bundesrat" (représentant les Länder)
die Regierung um/bilden	remanier le gouvernement
die Haltung	l'attitude
die Arbeitslosigkeit herab/setzen	réduire le chômage
die Steuersenkung (en)	la réduction d'impôts
die Steuererhöhung (en)	l'augmentation d'impôts
die Meinungsverschiedenheit (en)	le désaccord

ab/lehnen	rejeter
zu/stimmen (+ D)	approuver
die Debatte (n)	le débat
eine Pressekonferenz halten (ie,ie)	tenir une conférence de presse
der Diplomat (en,en)	le diplomate
die diplomatischen Beziehungen	les relations diplomatiques
die Botschaft (en)	l'ambassade
der Botschafter (-)	l'ambassadeur
die Gipfelkonferenz (en)	la conférence au sommet
sich ein/mischen (in + A)	s'ingérer (dans)
die Einmischung	l'ingérence
verhandeln	négocier
die Verhandlung (en)	la négociation
scheitern (sein)	échouer
das Abkommen	l'accord
ein Abkommen schließen (o,o)	conclure un accord
der Kompromiss (e)	le compromis
einen Vertrag unterzeichnen	signer un traité

Die diplomatischen Beziehungen wurden abgebrochen.	Les relations diplomatiques ont été interrompues.
Er wurde zum Minister ernannt.	Il a été nommé ministre.

DIE WAHLEN : *LES ÉLECTIONS*

die Wahl (en)	l'élection
wählen	élire, voter
wieder gewählt werden	être réélu
der Wähler (-)	l'électeur
der Kandidat (en,en)	le candidat
kandidieren	être candidat
gewinnen (a,o)	gagner
verlieren (o,o)	perdre
die Partei (en)	le parti

das allgemeine Wahlrecht	le suffrage universel
wahlberechtigt sein	avoir le droit de vote
das Mehrheitswahlrecht	le scrutin majoritaire
das Verhältniswahlrecht	le scrutin proportionnel
die Wahlkundgebung (en)	la réunion électorale
die Meinungsumfrage (n)	le sondage
sehr beliebt sein	être très populaire
die Beliebtheit	la popularité
unentschieden	indécis
für jn stimmen	voter pour qn
die Wahlbeteiligung	la participation électorale
die Enthaltung (en)	l'abstention
die Hochrechnung (en)	les estimations
die absolute Mehrheit	la majorité absolue
eine überwältigende Mehrheit	une majorité écrasante
in der Minderheit sein	être en minorité
an die Macht kommen (sein)	accéder au pouvoir
die Bundestagswahl (en)	les élections législatives
die Rechte	la droite
die Linke	la gauche
die Mitte	le centre
eine rechtsradikale Partei	un parti d'extrême droite
der Rechtsradikale (adj. subst.)	l'extrémiste de droite
der Rechtsextremismus	l'extrémisme de droite
der Neonazi (s)	le néo-nazi

Der Kandidat wurde mit überwältigender Mehrheit wieder gewählt.
39 % der befragten Personen waren für ihn.

Le candidat a été réélu avec une majorité écrasante.
39 % des personnes interrogées étaient pour lui.

DIE SPIONAGE : *L'ESPIONNAGE*

der Spion (e)	l'espion
der Geheimagent (en,en)	l'agent secret
der Geheimdienst	les services secrets
spionieren	faire de l'espionnage
jn bespitzeln	espionner qn
jn an/zeigen (bei der Polizei)	dénoncer qn (à la police)
jn verraten (ie,a,ä)	trahir qn
der Verräter (-)	le traître
der Verrat	la trahison
Telefongespräche ab/hören	surveiller des appels téléphoniques
Informationen sammeln	recueillir des renseignements
Informationen weiter/geben	transmettre des renseignements

DIE DIKTATUR : *LA DICTATURE*

der Diktator (en)	le dictateur
der Tyrann (en,en)	le tyran
tyrannisieren	tyranniser
der Terror	la terreur
die Militärjunta	la junte militaire
der Putsch	le coup d'état
die Regierung stürzen	renverser le gouvernement

der Polizeistaat (en)	l'état policier
auf/lösen	dissoudre
jn verfolgen	persécuter qn
die Verfolgung (en)	la persécution
jn unterdrücken	opprimer qn
jn erschießen (o,o)	fusiller qn
eine Gehirnwäsche bekommen (a,o)	subir un lavage de cerveau
Druck aus/üben	faire pression
grausam	cruel
die Grausamkeit	la cruauté
die Menschenrechte verletzen	violer les Droits de l'Homme
ab/schaffen	abolir
unmenschlich	inhumain
jn verleumden	calomnier, diffamer qn
der politische Gefangene (adj. subst.)	le prisonnier politique
der Widerstand	la résistance
der Widerstands-kämpfer (-)	le résistant
auf die Straße gehen	descendre dans la rue
die Unruhen	l'agitation
der Aufstand (¨e)	le soulèvement
im Untergrund kämpfen	lutter dans la clandestinité
der Anschlag (¨e)	l'attentat

EUROPA : *L'EUROPE*

die EU (die Europäische Union)	l'Union Européenne
in Kraft treten (a,i,i) (sein)	entrer en vigueur
der EU bei/treten (sein)	adhérer à l'Union Européenne
der Binnenmarkt	le marché unique
die europäische Gemeinschaft	la communauté européenne
Mitglied werden	devenir membre
der Mitgliedsstaat (en)	l'Etat-membre
sich zusammen/schließen (o,o)	s'unir
der Zoll	la douane
eine gemeinsame Währung	une monnaie commune
die Einheitswährung	la monnaie unique
der Euro (s)	l'euro
eine gemeinsame Politik betreiben (ie,ie)	mener une politique commune
unterstützen	soutenir
der Europarat	le Conseil de l'Europe
das Europäische Parlament	le Parlement Européen

GESCHICHTE
L'HISTOIRE

das Ereignis (se)	l'événement
statt/finden (a,u)	avoir lieu
geschehen (a,e,ie) (sein)	arriver, se passer
Karl der Große	Charlemagne
das Mittelalter	le Moyen Age
das Jahrhundert (e)	le siècle
im elften Jahrhundert	au onzième siècle
das Reich	l'empire
der Kaiser	l'empereur
der König (e)	le roi
die Königin (nen)	la reine
der Prinz (en,en)	le prince
herrschen	régner
der Thron (e)	le trône
den Thron besteigen (ie,ie)	monter sur le trône
die Krone (n)	la couronne
die Krönung	le couronnement
der Hof (¨e)	la cour
der Adel	la noblesse
der Adelige (adj. subst.)	le noble
der Erste Weltkrieg	la Première Guerre Mondiale
die Weimarer Republik	la République de Weimar

DAS NS-REGIME : *LE RÉGIME NAZI*

die NSDAP (Nationalsozialistische Deutsche Arbeiterpartei)	le NSDAP
die Gestapo (Geheime Staatspolizei)	la Gestapo
die SS (Schutzstaffel)	les SS
die SA (Sturmabteilung)	la SA
die Hitlerjugend	la jeunesse hitlérienne
der Nationalsozialismus	le national-socialisme
die Rasse (n)	la race
rassistisch eingestellt sein	être raciste
die Rassendis-kriminierung	la discrimination raciale
der Anschluss	l'anschluss *(l'annexion de l'Autriche par l'Allemagne nazie)*
der Kollaborateur (e)	le collaborateur
das Judentum	le judaïsme
der Jude (n,n)	le juif
die Jüdin (nen)	la juive
jüdisch	juif
die Judenverfolgung	la persécution des Juifs
verfolgen	persécuter
judenfeindlich	antisémite
der Antisemitismus	l'antisémitisme
der Antisemit (en,en)	l'antisémite
das KZ (Konzentrations-lager) (-)	le camp de concentration
die Endlösung	la solution finale
die Gaskammer (n)	la chambre à gaz
die Deportation	la déportation
die Vernichtung	l'extermination
das Massengrab (¨er)	la fosse commune
das Ghetto (s)	le ghetto
das Verbrechen gegen die Menschheit	le crime contre l'humanité
das Kriegsverbrechen	le crime de guerre
der Kriegsverbrecher (-)	le criminel de guerre

DIE NACHKRIEGSZEIT : *L' APRÈS-GUERRE*

die Alliierten, Verbündeten	les alliés
die Siegermächte	les puissances victorieuses
die Westmächte	les puissances occidentales
besetzt werden	être occupé
die Besatzungszone (n)	la zone d'occupation
die Teilung Deutschlands	la division de l'Allemagne
teilen (in + A)	diviser (en)
der Kalte Krieg	la Guerre Froide
der Ostblock	le block de l'Est
der Westen ≠ der Osten	l'Ouest ≠ l'Est
die Luftbrücke	le pont aérien
der Eiserne Vorhang	le Rideau de Fer
der Sektor (en)	le secteur
die Oder-Neiße-Linie	la ligne Oder-Neiße
die DDR (Deutsche Demokratische Republik)	la RDA (République Démocratique Allemande)
die Stasi (Staatssicherheit)	la Sécurité de l'Etat
der Vopo (Volkspolizist)	le vopo
die SED (Sozialistische Einheitspartei Deutschlands)	le SED (parti socialiste unifié d'Allemagne)
enteignet werden	être exproprié
die Berliner Mauer	le Mur de Berlin
errichten	ériger
der Bau der Mauer	la construction du mur
die Mine (n)	la mine
der Schießbefehl	la consigne de tir
der Flüchtling (e)	le fuyard
der Grenzzwischenfall (¨e)	l'incident de frontière
die BRD (Bundesrepublik Deutschland)	la RFA (République Fédérale d'Allemagne)
die innerdeutschen Beziehungen	les relations inter allemandes
der Fall der Mauer	la chute du mur
die Mauer nieder/reißen (i,i)	abattre le mur
das Brandenburger Tor	la Porte de Brandebourg
der Jubel	l'allégresse
eine jubelnde Menschenmenge	une foule en liesse
vor Freude außer sich (D) sein	être transporté de joie
zusammen/gehören	appartenir à une même communauté
die Wende	le changement
die Wiedervereinigung	la réunification
das wieder vereinigte Deutschland	l'Allemagne réunifiée
die deutsche Einheit	l'unité allemande
die Freiheit	la liberté
die neuen Bundesländer	les nouveaux Länder
die ehemalige DDR	l'ex-RDA

KRIEG UND FRIEDEN
LA GUERRE ET LA PAIX

DIE ARMEE : *L'ARMÉE*

die Bundeswehr	la Bundeswehr (l'armée allemande)
die Wehrmacht	l'armée allemande (sous le 3e Reich)
seinen Wehrdienst machen	faire son service militaire
der Zivildienst	le service civil
der Wehrdienstverweigerer (-)	l'objecteur de conscience
der Freiwillige (adj. subst.)	le volontaire
die Armee (n)	l'armée
der Soldat (en,en)	le soldat
der Offizier (e)	l'officier
die Kaserne (n)	la caserne
die Uniform (en)	l'uniforme
die Waffe (n)	l'arme
die chemischen Waffen	les armes chimiques
die Kernwaffen	les armes nucléaires
die nukleare Abschreckung	la dissuasion atomique
das Gewehr (e)	le fusil
der Panzer (-)	le char
die Mine (n)	la mine
explodieren	exploser
der Düsenjäger (-)	le chasseur à réaction
der Hubschrauber (-)	l'hélicoptère
der Fallschirm (e)	le parachute
der Fallschirmspringer (-)	le parachutiste
die Rakete (n)	la fusée
die Atombombe (n)	la bombe atomique
eine Bombe ab/werfen (a,o,i)	lancer une bombe
bombardieren	bombarder
das Kriegsschiff (e)	le navire de guerre
der Flugzeugträger (-)	le porte-avions
das U-Boot (e)	le sous-marin
die Besatzung (en)	l'équipage

DER KRIEG : *LA GUERRE*

der Bürgerkrieg (e)	la guerre civile
den Krieg erklären	déclarer la guerre
aus/brechen (a,o,i) (sein)	éclater
Krieg führen	faire la guerre
in ein Land ein/dringen (a,u) (sein)	envahir un pays
besetzen	occuper
das besetzte Gebiet	le territoire occupé
die Besatzungsmacht	l'occupant
an/greifen (i,i)	attaquer
der Angriff (auf ein Land)	l'attaque (d'un pays)
die Front (en)	le front
die Schlacht (en)	la bataille
das Schlachtfeld (er)	le champ de bataille
der Kampf (¨e)	le combat
kämpfen	combattre
schießen (o,o)	tirer
auf jn schießen	tirer sur qn
jn erschießen	fusiller qn
jn töten	tuer qn
fallen (sein)	mourir à la guerre
gefangen nehmen	faire prisonnier
die Gefangenschaft	la captivité
der Kriegsgefangene (adj. subst.)	le prisonnier de guerre

das Gefangenenlager (-)	le camp de prisonniers
frei/lassen (ie,a,ä)	libérer
fliehen (o,o) (sein)	fuir
entfliehen (sein)	s'enfuir
der Flüchtling (e)	l'évadé
die Flucht	la fuite
der Fluchtversuch (e)	la tentative d'évasion
jn ein/fangen (i,a,ä)	capturer qn
der Feind (e)	l'ennemi
der Gegner (-)	l'adversaire
jm überlegen sein	être supérieur à qn
die Überlegenheit	la supériorité
die Landung	le débarquement
erobern	conquérir
die Eroberung (en)	la conquête
zerstören	détruire
die Zerstörung (en)	la destruction
siegen	vaincre
der Sieg (e)	la victoire

sich ergeben (a,e,i)	se rendre
plündern	piller
die Plünderung (en)	le pillage
das Opfer (-)	la victime
der Verwundete (adj. subst.)	le blessé
der Tote (adj. subst.)	le mort
Verluste erleiden (i,i)	subir des pertes
der Überlebende (adj. subst.)	le survivant
der Vermißte (adj. subst.)	le disparu
das Kriegerdenkmal (¨er)	le monuments aux morts
der Held (en,en)	le héros
eine heldenhafte Tat	une action héroïque
die Heimat	la patrie
aus seiner Heimat vertrieben werden	être expulsé de son pays
die Vertreibung	l'expulsion

Der Krieg ist vor zwei Tagen ausgebrochen. Mehrere hundert Soldaten werden vermisst.

La guerre a éclaté il y a deux jours. Plusieurs centaines de soldats sont portés manquants.

DER FRIEDEN : *LA PAIX*

Frieden schließen (o,o)	conclure la paix
in Frieden leben	vivre en paix
friedlich	paisible
in Friedenszeiten	en temps de paix
der Friedensvertrag (¨e)	le traité de paix
der Waffenstillstand	le cessez-le-feu
unterzeichnen	signer
vermitteln	servir de médiateur
die Verhandlung (en)	la négociation
verhandeln	négocier
die Entspannung	la détente
die Wiedergutmachung	l'indemnisation

die NATO	l'OTAN
die Verteidigung	la défense
die Sicherheit	la sécurité
ab/rüsten	désarmer
die Abrüstung	le désarmement
die Nuklearmacht (¨e)	la puissance nucléaire
die Vereinten Nationen	les Nations Unies
die UNO	l'ONU
der Blauhelm (e)	le casque bleu

Nach langen Verhandlungen wurde ein Friedensvertrag unterzeichnet.

Après de longues négociations un traité de paix a été signé.

VOR DEM GESETZ
DEVANT LA LOI

DIE POLIZEI : *LA POLICE*

der Polizist (en,en)	le policier
das Polizeirevier (e)	le commissariat de police
zur Polizei gehen	aller à la police
die Polizei rufen (ie,u)	appeler la police
das Polizeiauto (s)	la voiture de police
der Polizeihund (e)	le chien policier
verfolgen	poursuivre
jn fest/nehmen (a,o,i)	arrêter qn
frei/lassen (ie,a,ä)	remettre en liberté

Der Dieb wurde festgenommen und zum Polizeirevier gebracht. Le voleur a été arrêté et conduit au commissariat de police.
Nach ein paar Stunden wurde er freigelassen. Il a été relâché au bout de quelques heures.

untersuchen	enquêter
die Untersuchung (en)	l'enquête
beschützen	protéger
für Ordnung sorgen	faire respecter l'ordre
bewaffnet sein	être armé
die Streife (n)	la patrouille
auf Streife sein	être en patrouille
jn beschatten	filer qn
überwachen	surveiller
jn durchsuchen	fouiller qn
ein Haus durchsuchen	perquisitionner dans une maison
umstellen	encercler
ein/greifen (i,i)	intervenir
jn auf frischer Tat ertappen	prendre qn sur le fait
die Fingerabdrücke	les empreintes digitales
der Hinweis (e)	l'indication
der Spitzel (-)	l'indicateur
die Spur (en)	la piste
jm auf der Spur sein	être sur la piste de qn
der Beweis (e)	la preuve
jn verdächtigen	soupçonner qn
der Verdacht	le soupçon
der Verdächtige (adj. subst.)	le suspect
jn verhaften	arrêter qn
jn fest/nehmen	arrêter qn
die Festnahme (n)	l'arrestation
die Handschellen	les menottes
jm die Handschellen an/legen	mettre les menottes à qn
jn verhören	interroger qn
das Verhör (e)	l'interrogatoire
das Tränengas	le gaz lacrymogène
der Gummiknüppel (-)	la matraque

Die Polizei ist ihm auf der Spur.	La police est sur sa piste.
Ich bin durchsucht worden.	J'ai été fouillé.
Die Polizei hat das Haus umstellt.	La police a cerné la maison.

DIE JUSTIZ : *LA JUSTICE*

das Gesetz (e)	la loi
das Gericht (e)	le tribunal
der Bundesgerichtshof (in Karlsruhe)	la cour fédérale de justice
der Angeklagte (adj. subst.)	l'accusé
der Verteidiger (-)	l'avocat de la défense
die Verteidigung übernehmen	se charger de la défense
der Rechtsanwalt (¨e)	l'avocat
der Staatsanwalt (¨e)	le Procureur de la République
der Richter (-)	le juge
jn an/zeigen	porter plainte contre qn
jn (wegen Mordes) an/klagen	accuser qn (de meurtre)
die Tat leugnen	nier les faits
bestreiten (i,i)	contester
gestehen (gestand, gestanden)	avouer
das Geständnis (se)	l'aveu
ein Geständnis ab/legen	faire des aveux
mildernde Umstände	des circonstances atténuantes
der Zeuge (n,n)	le témoin
aus/sagen	faire une déposition
eine falsche Aussage	un faux témoignage
schwören (o,o)	jurer
den Prozess gewinnen (a,o)	gagner le procès
freigesprochen werden	être acquitté
der Freispruch	l'acquittement
schuldig ≠ unschuldig	coupable ≠ innocent
die Schuld	la culpabilité
die Unschuld	l'innocence
das Urteil (e)	le jugement
jn verurteilen	condamner qn
zu einem Jahr Gefängnis verurteilt werden	être condamné à un an de prison
jn zum Tode verurteilen	condamner qn à mort
die Strafe (n)	la peine
die Todesstrafe	la peine de mort
ab/schaffen	abolir
der Henker (-)	le bourreau
hingerichtet werden	être exécuté
begnadigen	gracier

Der Zeuge sagt aus, daß er den Dieb erkannt hat.	Le témoin dit dans sa déposition qu'il a reconnu le voleur.
Sie hat gegen mich ausgesagt.	Elle a témoigné contre moi.
Er wurde wegen Mordes angeklagt.	Il a été inculpé de meurtre.

DAS GEFÄNGNIS : *LA PRISON*

ins Gefängnis kommen	aller en prison
jn ein/sperren	emprisonner qn
lebenslänglich	à perpétuité
im Gefängnis sitzen (saß, gesessen)	être en prison
mit Bewährung	avec sursis
die Zelle (n)	la cellule
der Gefängniswärter (-)	le gardien de prison
bewachen	surveiller
der Wachturm (¨e)	le mirador
die schlechte Behandlung	le mauvais traitement
aus dem Gefängnis aus/brechen (a,o,i) (sein)	s'évader de prison
auf der Flucht sein	être en fuite
entlassen werden	être relâché

GEWALT
LA VIOLENCE

JUGENDKRIMINALITÄT : *LA DÉLINQUENCE JUVÉNILE*

die Bande (n)	la bande, le gang
provozieren	provoquer
jm drohen	menacer qn
stehlen (a,o,ie)	voler
der Dieb (e)	le voleur
der Taschendieb	le pick-pocket
der Diebstahl (¨e)	le vol
in ein Haus ein/brechen (a,o,i) (sein)	cambrioler une maison
der Einbrecher (-)	le cambrioleur
ein/dringen (in + A) (a,u)	pénétrer
sich herum/treiben (ie,ie)	traîner
aus/schließen (o o)	exclure
aus/grenzen	isoler, exclure
ausgestoßen	rejeté
Autos knacken	cambrioler des voitures
Autos um/werfen (a,o,i)	renverser des voitures
Schaufenster ein/werfen (a,o,i)	briser des vitrines
Graffiti sprühen	mettre des tags
ein/schüchtern	intimider
Barrikaden errichten	élever des barricades
der Rowdy (ies)	le loubard
der Ganove (n,n)	le voyou
die Schlägerei (en)	la bagarre
beschädigen	endommager
verwüsten	saccager
der Zusammenstoß (¨e)	l'affrontement
blutig	sanglant
die Ordnung wieder her/stellen	rétablir l'ordre
die Sicherheit verstärken	renforcer la sécurité

Haltet den Dieb!	Au voleur !
Während der Ferien wurde bei uns eingebrochen.	On a cambriolé chez nous pendant les vacances.
Der Einbrecher ist durch das Badezimmerfenster in die Wohnung eingedrungen.	Le cambrioleur est entré dans l'appartement en passant par la fenêtre de la salle de bain.

STRAFTATEN : *LES DÉLITS*

die Straftat (en)	le délit
das Verbrechen (-)	le crime
der Verbrecher (-)	le criminel
begehen (i,a)	commettre
jn überfallen (ie,a,ä)	agresser qn
der Überfall (¨e)	l'agression

jn entführen	enlever qn
der Entführer (-)	le ravisseur
jn gefangen halten (ie,a,ä)	retenir qn prisonnier
das Lösegeld	la rançon
der Mord (e)	l'assassinat
der Mörder (-)	l'assassin
vergewaltigen	violer
die Vergewaltigung (en)	le viol
schmuggeln	faire de la contrebande
der Schmuggler (-)	le contrebandier
der Schmuggel	la contrebande
erpressen	faire chanter
der Erpresser (-)	le maître chanteur
die Erpressung (en)	le chantage

TERRORISMUS : *LE TERRORISME*

der Terrorismus	le terrorisme
der Terrorist (en,en)	le terroriste
das Kommando (s)	le commando
das Attentat (e)	l'attentat
eine Autobombe	une voiture piégée
eine Bombe legen	poser une bombe
explodieren	exploser
ein Flugzeug entführen	détourner un avion
der Luftpirat (en,en)	le pirate de l'air
die Geisel (n)	l'otage
jn als Geisel nehmen	prendre qn en otage
die Geiselnahme (n)	la prise d'otages
jn fest/halten (ie,a,ä)	détenir qn
jm die Augen verbinden (a,u)	bander les yeux à qn
jn mit der Waffe bedrohen	menacer qn avec une arme
ein Ultimatum stellen	fixer un ultimatum
fordern	exiger
die Forderung (en)	l'exigence
ohne Blutvergießen	sans effusion de sang
befreien	libérer

PROBLEME UNSERER ZEIT
LES PROBLÈMES DE NOTRE TEMPS

DROGEN : *LA DROGUE*

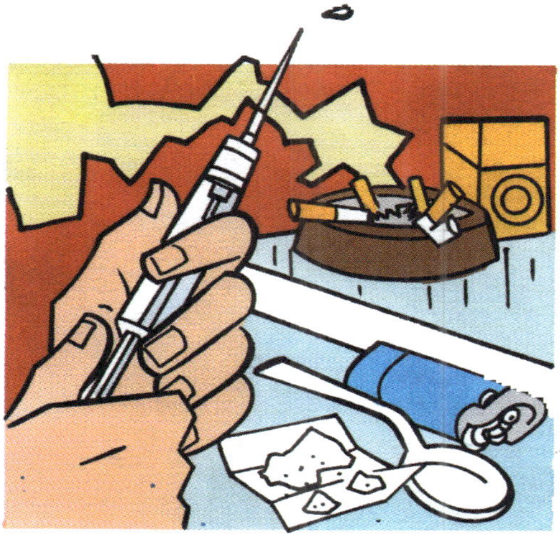

die Droge (en), das Rauschgift	la drogue
eine harte / weiche Droge	une drogue dure / douce
Drogen nehmen (a,o,i)	se droguer
drogenabhängig	dépendant (de la drogue)
der Drogenabhängige (adj. subst.)	le toxicomane
der Drogenhandel	le trafic de drogue
der Drogenhändler (-)	le trafiquant de drogue
sich (D) Drogen beschaffen	se procurer de la drogue
sich an etw. (A) gewöhnen	s'habituer à qc
von den Drogen los/kommen (sein)	se libérer de la drogue
das Kokain	la cocaïne
das Heroin	l'héroïne
das Haschisch	le haschisch
das Crack	le crack
die Spritze (n)	la seringue, la piqûre
die Nadel (n)	l'aiguille
die Einwegspritze	la seringue jetable
die Wirkung merken	ressentir les effets
die Nebenwirkungen	les effets secondaires
sich (D) die Gesundheit ruinieren	s'abîmer la santé
eine Überdosis	une overdose
die Entziehungskur (en)	la cure de désintoxication
das schmutzige Geld	l'argent sale
weiß waschen (u,a,ä)	blanchir

AIDS : *LE SIDA*

(die) AIDS	le sida
das Virus (Viren)	le virus
sich mit dem AIDS-Virus infizieren	contracter le virus du sida
HIV-infiziert	séropositif
das Kondom (e)	le préservatif
das Immunsystem	le système immunitaire
geschwächt	affaibli
die Immunschwäche	la déficience immunitaire
sich bei jm an/stecken	attraper la maladie de qn
ansteckend	contagieux
jn anstecken	contaminer qn
impfen	vacciner
der Impfstoff (e)	le vaccin
der Geschlechtsverkehr	les rapports sexuels
den Partner wechseln	changer de partenaire
der Ausbruch der Krankheit	l'apparition de la maladie
aus/brechen (a,o,i) (sein)	se déclarer
an Aids erkranken (sein)	être atteint du sida
unheilbar	incurable
an Aids sterben (a,o,i)	mourir du sida
die Risikogruppe (n)	le groupe à risques
der Homosexuelle (adj. subst.)	l'homosexuel
der Bluter (-)	l'hémophile
die Bluterkrankheit	l'hémophilie
die Bluttransfusion (en)	la transfusion sanguine
der Blutspender(-)	le donneur de sang

Aids-Kranke fühlen sich von der Gesellschaft ausgeschlossen.	Les malades du sida se sentent exclus de la société.

RAUCHEN : *LE TABAC*

rauchen	fumer
der Rauch	la fumée
die Zigarette (n)	la cigarette
die Zigarre (n)	le cigare
die Pfeife (n)	la pipe
ein starker Raucher	un gros fumeur
der Nichtraucher (-)	le non-fumeur
das Feuerzeug (e)	le briquet
das Zündholz (¨er)	l'allumette
sich (D) eine Zigarette an/zünden	allumer une cigarette
die Asche	les cendres
der Aschenbecher (-)	le cendrier
aus/machen	éteindre
mit dem Rauchen auf/hören	cesser de fumer
husten	tousser

Rauchen verboten!	Interdiction de fumer !
Stört es Sie, wenn ich rauche?	Cela vous dérange-t-il que je fume ?
Können Sie mir bitte Feuer geben?	Avez-vous du feu, s'il vous plaît ?

das Rauchen auf/geben (a,e,i)	cesser de fumer
inhalieren	avaler la fumée
der Lungenkrebs	le cancer du poumon
Krebs verursachen	causer le cancer
vertragen (u,a,ä)	supporter

Wie kannst du diesen Rauch vertragen?	Comment peux-tu supporter cette fumée ?
Er hat mit 40 Jahren das Rauchen aufgegeben.	Il a cessé de fumer à 40 ans.

ALKOHOLISMUS : *L'ALCOOLISME*

der Alkohol	l'alcool
ein alkoholfreies Getränk	une boisson sans alcool
alkoholische Getränke	des boissons alcoolisées
der Alkoholiker (-)	l'alcoolique
mit dem Trinken an/fangen (i,a,ä)	se mettre à boire
der Trinker (-)	le gros buveur
sich betrinken (a,u)	s'enivrer
betrunken sein	être ivre
der Betrunkene (adj. subst.)	l'ivrogne
die Entziehungskur (en)	la cure de désintoxication
nüchtern	sobre

EINWANDERUNG UND RASSISMUS
L'IMMIGRATION ET LE RACISME

DIE EINWANDERUNG
L'IMMIGRATION

aus einem Land fliehen (o,o) (sein)	s'enfuir d'un pays
seine Heimat verlassen (ie,a,ä)	quitter son pays natal
in Armut leben	vivre dans la pauvreté
vor Hunger sterben (a,o,i) (sein)	mourir de faim
herein/lassen	laisser entrer
zurück/schicken	renvoyer
heimlich über die Grenze gehen	traverser clandestinement la frontière
die Grenze schließen (o,o)	fermer la frontière
der Ausländer (-)	l'étranger

aus/wandern	émigrer
ein/wandern	immigrer
der Einwanderer (-)	l'immigré
der Aussiedler (-)	l'immigré (de souche allemande)
der Asylant (en,en)	le demandeur d'asile
das Asyl	l'asile
um Asyl an/fragen	demander asile
aus Osteuropa stammen	être originaire de l'Europe de l'Est
auf/nehmen (a,o,i)	accueillir
das Aufnahmeland (¨er)	le pays d'accueil
mittellos	sans ressources
obdachlos	sans abri
jn unter/bringen	héberger qn
ausgenutzt werden	être exploité
schwarz arbeiten	travailler au noir
eine billige Arbeitskraft	une main d'oeuvre bon marché
der Hungerlohn	le salaire de misère
unerwünscht sein	être indésirable
entwurzelt	déraciné
sich an/passen (an + A)	s'adapter (à)
jn ab/schieben (o,o)	refouler qn

DER RASSISMUS : *LE RACISME*

die Rassendis-kriminierung	la discrimination raciale
die Rassentrennung	la ségrégation raciale
der Rassenhass	la haine raciale
rassistisch eingestellt sein	être raciste
feindlich eingestellt sein (gegenüber + D)	être hostile (envers qn)
Vorurteile haben	avoir des préjugés
sich überlegen fühlen	se sentir supérieur
der Minderwertigkeits-komplex (e)	le complexe d'infériorité
die Minderheit (en)	la minorité
die Farbigen (adj. subst.)	les gens de couleur
der Zigeuner (-)	le gitan
betteln	mendier
der Bettler (-)	le mendiant
aufdringlich	importun
fremdenfeindlich	xénophobe
die Fremdenfeindlichkeit	la xénophobie
jn beschimpfen	injurier qn
jn beleidigen	offenser qn
die Beleidigung (en)	l'offense
jn demütigen	humilier qn
sich gedemütigt fühlen	se sentir humilié
die Unterschiede akzeptieren	accepter les différences
die Toleranz	la tolérance

ZEIT
LE TEMPS (QUI PASSE)

DIE UHRZEIT : *L'HEURE*

die Uhr (en)	la montre
der Wecker (-)	le réveil
den Wecker stellen	mettre le réveil
der Zeiger (-)	l'aiguille
vor/gehen (sein)	avancer
nach/gehen (sein)	retarder
die Sekunde (n)	la seconde
die Minute (n)	la minute
alle fünf Minuten	toutes les cinq minutes
die Stunde (n)	l'heure
eine halbe Stunde	une demi-heure
eine Viertelstunde	un quart d'heure
eine Dreiviertelstunde	trois quarts d'heure
in anderthalb Stunden	dans une heure et demie
um ein Uhr, um eins	à une heure
es ist drei (Uhr)	il est trois heures
Viertel nach eins	une heure et quart
Viertel vor eins	une heure moins le quart
halb zwölf	11 heures et demie
Punkt acht	8 heures juste
gegen drei (Uhr)	vers trois heures
um acht Uhr morgens	à 8 heures du matin
um acht Uhr abends	à 8 heures du soir

DER TAG : *LA JOURNÉE*

der Tag (e)	le jour
jedenTag	chaque jour
den ganzen Tag	toute la journée
alle Tage	tous les jours
am nächsten Tag	le lendemain
am Tag davor	la veille
in vierzehn Tagen	dans quinze jours
tagsüber	pendant la journée
eines Tages	un jour
täglich	quotidien
der Morgen	le matin
am Morgen, morgens	le matin (adv.)
heute Morgen	ce matin
morgen Abend	demain soir
morgen früh	demain matin
der Vormittag (e)	la matinée
am Vormittag, vormittags	le matin (adv.)
heute Mittag	aujourd'hui à midi
der Nachmittag	l'après-midi
im Laufe des Nachmittags	dans le courant de l'après-midi
der Abend (e)	le soir
am Abend, abends	le soir (adv.)
eines Abends	un soir
morgen Abend	demain soir
die Nacht (¨e)	la nuit
in der Nacht, nachts	pendant la nuit
mitten in der Nacht	en pleine nuit

DIE FEIERTAGE : *LES JOURS FÉRIÉS*

der Feiertag (e)	le jour férié
Weihnachten	Noël
(der) Karfreitag	le Vendredi Saint
Ostern	Pâques
Pfingsten	Pentecôte
Christi Himmelfahrt	l'Ascension
Mariä Himmelfahrt	l'Assomption (le 15 août)
Allerheiligen	la Toussaint
der Nationalfeiertag (e)	la fête nationale
der Tag der Deutschen Einheit	la fête nationale allemande (le 3 octobre)

DIE WOCHE : *LA SEMAINE*

nächste Woche	la semaine prochaine
letzte Woche	la semaine dernière
der Werktag (e)	le jour ouvrable
das Wochenende (n)	le week-end
am Wochenende	en fin de semaine
der Wochentag (e)	le jour de la semaine
Montag	lundi
Dienstag	mardi
Mittwoch	mercredi
Donnerstag	jeudi
Freitag	vendredi
Samstag	samedi
Sonntag	dimanche

DER MONAT, DAS JAHR : *LE MOIS, L'ANNÉE*

der Monat (e)	le mois
Januar	janvier
Februar	février
März	mars
April	avril
Mai	mai
Juni	juin
Juli	juillet
August	août
September	septembre
Oktober	octobre
November	novembre
Dezember	décembre
im Mai	en mai
am dritten Oktober	le 3 octobre
Anfang Juni	au début de juin
Mitte Juni	(à la) mi-juin
Ende Juni	(à la) fin juin
monatlich	mensuel
das Jahr (e)	l'année
das Vierteljahr	le trimestre
(im Jahre) 1999	en 1999
jahrelang	pendant des années
in den fünfziger Jahren	dans les années cinquante
das Jahrhundert (e)	le siècle
im elften Jahrhundert	au onzième siècle
das Jahrtausend	le millénaire

DIE JAHRESZEITEN : *LES SAISONS*

die Jahreszeit (en)	la saison
der Frühling	le printemps
der Sommer	l'été
der Herbst	l'automne
der Winter	l'hiver
im Frühling	au printemps

DIE GEGENWART : *LE PRÉSENT*

jetzt, nun	maintenant
von nun an	dorénavant
ab heute	à partir d'aujourd'hui
im Moment	en ce moment, pour l'instant
im Augenblick	pour le moment

zurzeit	en ce moment	**bis heute**	jusqu'à présent
heute	aujourd'hui	**heutzutage**	de nos jours
heute früh	ce matin		

DIE VERGANGENHEIT : *LE PASSÉ*

gestern	hier	**früher**	autrefois
vorgestern	avant-hier	**vor einem Jahr**	il y a un an
vor kurzem	il y a peu de temps	**letzte, vorige Woche**	la semaine dernière
vor langer Zeit	il y a longtemps	**vorher**	avant
neulich	récemment	**damals**	à cette époque

DIE ZUKUNFT : *LE FUTUR*

morgen	demain	**einen Monat später**	un mois plus tard
übermorgen	après-demain		
bald	bientôt	**dann**	ensuite
eines Tages	un jour	**nachher**	après

DIE DAUER, DIE HÄUFIGKEIT : *LA DURÉE, LA FRÉQUENCE*

immer	toujours	**oft**	souvent
lange	longtemps	**schon**	déjà
wie lange	combien de temps	**plötzlich**	soudain
eine Woche lang	pendant une semaine	**sofort**	immédiatement
manchmal	parfois	**rechtzeitig**	à temps
einmal	une fois	**inzwischen**	pendant ce temps
noch einmal	encore une fois	**zuerst**	d'abord
noch nicht	pas encore	**schließlich**	finalement
mehrmals	plusieurs fois	**endlich**	enfin
meistens	la plupart du temps	**am Ende**	à la fin
ab und zu	de temps en temps	**am Anfang**	au début
selten	rarement	**von Anfang an**	dès le début
gewöhnlich	d'habitude	**nach einiger Zeit**	quelque temps après
regelmäßig	régulièrement	**von Zeit zu Zeit**	de temps en temps
nach und nach	peu à peu	**die ganze Zeit**	tout le temps
nie, niemals	jamais		

Wieviel Uhr ist es? / Wie spät ist es?	Quelle heure est-il ?
Sie fragte mich nach der Uhrzeit.	Elle me demanda l'heure.
Den wievielten haben wir heute?	Le combien sommes-nous aujourd'hui ?
Heute ist der 3. (dritte) Juni.	Aujourd'hui, c'est le 3 juin.
Heute haben wir den 3. (dritten) Juni.	Aujourd'hui, nous sommes le 3 juin.
Die Uhr geht fünf Minuten nach.	La montre retarde de cinq minutes.
Ich stelle die Uhr.	Je mets la montre à l'heure.
Ich bin beim Kochen.	Je suis en train de faire la cuisine.
Er ist gerade abgefahren.	Il vient juste de partir.
Er wohnt zurzeit in der Schweiz.	Il habite actuellement en Suisse.

ZUM KOMMENTAR
POUR LE COMMENTAIRE

DER AUTOR (en), DER VERFASSER (-)	L'AUTEUR
der Schriftsteller (-)	l'écrivain
der Dichter (-)	le poète
der Erzähler (-)	le narrateur
der Journalist (en,en)	le journaliste
der Kritiker (-)	le critique
bekannt	connu
berühmt	célèbre
bedeutend	important
zeitgenössisch	contemporain
engagiert	engagé
unparteiisch	impartial

DAS WERK (e)	L'OEUVRE
das Hauptwerk	l'oeuvre principale
die Literatur	la littérature
das Gedicht (e)	le poème
der Roman (e)	le roman
der Liebesroman	le roman d'amour
der Kriminalroman	le roman policier
die Novelle (n)	la nouvelle
die Geschichte (en)	l'histoire
die Erzählung (en)	le récit
das Tagebuch (¨er)	le journal (intime)
das Märchen (-)	le conte
die Fabel (n)	la fable
das Theaterstück (e)	la pièce de théâtre
das Drama (men)	le drame
die Tragödie (n)	la tragédie
die Komödie (n)	la comédie
der Zeitungsartikel (-)	l'article de journal
der Bericht (e)	le compte-rendu
die Debatte (n)	le débat
die Rede (n)	le discours
die Meinungsumfrage (n)	le sondage
das Interview (s)	l'interview
das Gespräch (e)	l'entretien
der Dialog (e)	le dialogue
der innere Monolog	le monologue intérieur

DER TEXT (e) : *LE TEXTE*

der Titel (-)	le titre
der Auszug, der Ausschnitt (aus)	l'extrait (de)
stammen (aus)	dater de, être tiré de
entnommen sein (+ D)	être tiré de
der Teil (e)	la partie
der Abschnitt (e)	le paragraphe
sich gliedern (in + A)	se diviser (en)
sich unterteilen (in + A)	se subdiviser (en)
bestehen aus	se composer de
sich zusammen/setzen aus	se composer de
die Zeile (n)	la ligne
in der letzten Zeile	à la dernière ligne
ab der dritten Zeile	à partir de la 3e ligne
etwas weiter	un peu plus loin
das Wort (¨er)	le mot
die Strophe (n)	la strophe
der Vers (e)	le vers

die Einleitung	l'introduction
der Übergang	la transition
der Schluß	la conclusion
zum Schluß, abschließend	en conclusion
die Übersetzung (aus)	la traduction (de)
das Zitat (e)	la citation
zitieren	citer

DER INHALT	LE CONTENU
der geschichtliche Hintergrund	l'arrière-plan historique
das Thema (men)	le sujet, le thème
das Hauptthema	le sujet principal
ein Thema behandeln	traiter un sujet
die Kernfrage (n)	la question centrale
schreiben (über + A)	écrire (sur)
berichten (über + A)	relater
erzählen von	raconter
beschreiben (ie,ie)	décrire
die Beschreibung (en)	la description
schildern	dépeindre
spannend	captivant
sich befassen mit	traiter de
veranschaulichen (durch ein Beispiel)	illustrer (par un exemple)
aufmerksam machen (auf + A)	attirer l'attention (sur)
ein Beispiel an/führen	donner un exemple
deutlich machen	mettre en évidence
unterstreichen (i,i)	souligner
betonen	mettre l'accent sur
an/spielen (auf + A)	faire allusion (à)
die Anspielung (en) (auf + A)	l'allusion à
beweisen (ie,ie)	prouver
der Beweis (e)	la preuve
sachlich	objectif
symbolisieren	symboliser
das Symbol (e)	le symbole
überzeugen	convaincre
die Überzeugung	la conviction
den Standpunkt vertreten (a,e,i)	être d'avis
die Handlung (en)	l'action
der Text handelt von ...	le texte parle de ...
im Text handelt es sich um ...	dans le texte, il s'agit de ...
im Text geht es um ...	dans le texte, il s'agit de ...
im Text ist die Rede von ...	dans le texte, il est question de ...
die Szene (n)	la scène
sich ab/spielen, spielen	se passer
die Hauptfigur (en)	le personnage principal
die Nebenfigur	le personnage secondaire
der Held (en,en)	le héros
eine bedeutende Rolle spielen	jouer un rôle important
die Beziehung (zwischen + D)	le rapport (entre)
DER LESER (-)	LE LECTEUR
die Wirkung (auf + A)	l'effet (sur)
zum Nachdenken bringen	faire réfléchir
beim Leser Interesse wecken	éveiller l'intérêt du lecteur
was einem sofort auffällt, ist ...	ce qui nous frappe tout de suite, c'est ...
ergriffen sein	être touché
sich mit jm identifizieren	s'identifier à qn
etw. merkwürdig finden	trouver qc curieux
was mich wundert, ist ...	ce qui m'étonne, c'est que ...
der Grund (¨e)	la raison
aus folgenden Gründen	pour les raisons suivantes
die Ursache (n)	la cause
zur Folge haben	avoir pour conséquence
der Eindruck (¨e)	l'impression
meiner Meinung nach	à mon avis
seine Meinung ändern	changer d'opinion
hinzu/fügen (zu)	ajouter (à)
zweifeln (an + D)	douter (de)
der Zweifel (-)	le doute
etw. bezweifeln	mettre qc en doute
vermuten	supposer
die Vermutung (en)	la supposition

DAS BILD (er) : *L'IMAGE*

die Zeichnung (en)	le dessin
der Zeichner (-)	le dessinateur
das Foto (s)	la photo
das Titelbild (er)	la couverture (d'un magazine)
der Cartoon (s), der Comic (s)	la bande dessinée
die Bildgeschichte (n)	la bande dessinée
die Sprechblase (n)	la bulle
die Karikatur (en)	la caricature
das Gemälde (-)	la peinture
der Maler (-)	le peintre
die Werbung (en)	la publicité
der Werbespruch (¨e)	le slogan
werben (a,o,i)	faire de la publicité
das Plakat (e)	l'affiche

das Schild (er)	l'écriteau
die Graffiti (plur.)	les graffitis
die Einzelheit (en), das Detail (s)	le détail
im Vordergrund	au premier plan
im Hintergrund	à l'arrière-plan
der Rand (¨er)	le bord
dar/stellen	représenter

jm den Kopf zu/wenden	tourner la tête vers qn
sich beugen (über + A)	se pencher (sur)
sich lehnen (an + A)	s'appuyer (contre)
der Kontrast (e)	le contraste
sich ab/heben (o,o) (von)	se détacher (sur)
unwirklich	irréel
herausfordernd	provocant
friedvoll	paisible
beängstigend	inquiétant

Die Szene spielt in einem Vorort von Berlin.	La scène se passe dans la banlieue de Berlin.
Der Autor befasst sich mit einem ganz aktuellen Thema.	L'auteur traite d'un sujet très actuel.
Er versucht uns klarzumachen ...	Il essaie de nous faire comprendre ...
Man spürt darin sehr deutlich, dass ...	On y ressent très clairement que ...
Er überlässt es dem Leser, sich seine Meinung zu bilden.	Il laisse le soin au lecteur de se faire son opinion.
Aus dem Text kann man schließen, dass ...	On peut déduire du texte que ...
Man kann folgende Lehre aus dem Text ziehen : ...	On peut tirer l'enseignement suivant du texte : ...
Der Autor will uns zum Nachdenken anregen.	L'auteur veut nous faire réfléchir.

NOTIONS

ET

FONCTIONS

EINVERSTANDEN / NICHT EINVERSTANDEN SEIN
L'ACCORD ET LE DÉSACCORD

Ich bin damit einverstanden.	Je suis d'accord.
Ich bin dafür / dagegen.	Je suis pour / contre.
Du hast recht / unrecht.	Tu as raison / tort.
Ich bin Ihrer Meinung.	Je suis de votre avis.
Das stimmt. / Das ist richtig.	C'est exact.
Das kommt nicht in Frage.	Il n'en est pas question.

Hast du etwas dagegen?	Y vois-tu un inconvénient ?
Ich stimme Ihnen zu.	Je vous approuve.
Ich weiß nicht so recht.	Je ne sais pas trop.
Überhaupt nicht! / Keineswegs!	Pas du tout !
Nie im Leben!	Jamais de la vie !
Ich bin da andrer Meinung.	Je ne suis pas de cet avis.
Er weigert sich, die Uniform zu tragen.	Il refuse de porter l'uniforme.
Widersprich mir nicht andauernd!	Ne me contredis pas tout le temps !
Die Meinungen sind geteilt.	Les avis sont partagés.
Im Gegensatz zu dir denke ich, dass er lügt.	Contrairement à toi, je pense qu'il ment.

SICH VERABSCHIEDEN
LES ADIEUX

Auf Wiedersehen!	Au revoir !
Auf Wiederhören!	Au revoir ! (au téléphone)
Tschüss!	Salut ! (en partant)
Einen schönen Abend noch!	Bonne fin de soirée !
Bis bald!	A bientôt !
Bis nachher!	A tout à l'heure !
Bis zum nächsten Mal!	A la prochaine fois !
Viele Grüße an alle!	Bonjour à tout le monde !
Melde dich wieder!	Fais-moi signe !
Ich hoffe, dass wir uns wieder sehen!	J'espère que nous nous reverrons !
Grüß deine Eltern von mir.	Dis le bonjour à tes parents.

Leider muss ich mich jetzt verabschieden.	Malheureusement je dois prendre congé maintenant.

MÖGEN / NICHT MÖGEN
L'AMOUR / L'AVERSION

Ich liebe dich.	Je t'aime.
Ich liebe diese Stadt.	J'adore cette ville.
Ich mag meine Eltern sehr gern.	J'aime beaucoup mes parents.
Natürlich habe ich dich gern.	Bien sûr que je t'aime.
Magst du Austern?	Tu aimes les huîtres ?
Ich gehe ganz gern in die Schule.	J'aime bien aller à l'école.
Sie hat sich in ihren Lehrer verliebt.	Elle est tombée amoureuse de son professeur.

Ich kann ihn gut leiden.	Je l'aime bien.
Ich höre wahnsinnig gern Jazzmusik.	J'adore écouter du jazz.
Ich kann diese Frau nicht ausstehen.	Je ne supporte pas cette femme.
Moderne Malerei sagt mir nichts.	La peinture moderne ne me dit rien.
Ich kann solche Bemerkungen nicht vertragen.	Je ne supporte pas ce genre de remarques.

UM ERLAUBNIS BITTEN
L'AUTORISATION

Darf man hier rauchen?	Peut-on fumer ici ?
Ist es erlaubt, hier zu parken?	Le stationnement est-il autorisé ici ?
Stört es Sie, wenn ich das Fenster öffne?	Cela ne vous dérange pas que j'ouvre la fenêtre ?
Ich muss mal telefonieren. Geht das?	Je dois téléphoner. C'est possible ?

Dürfte ich mal kurz anrufen?	Pourrais-je donner un coup de fil ?
Macht es dir wirklich nichts aus, wenn ich bleibe?	Cela ne t'ennuie vraiment pas si je reste ?
Kann ich mir mal dein Wörterbuch ausleihen?	Puis-je t'emprunter ton dictionnaire ?
Wären Sie so nett, den Brief für mich einzuwerfen?	Auriez-vous la gentillesse de poster la lettre pour moi ?
Wäre es möglich, dass ich meinen Freund mitbringe?	Serait-il possible que j'emmène mon ami ?
Können Sie mir bitte einen Gefallen tun?	Pourriez-vous me rendre un service ?
Erlauben Sie, dass ich jetzt gehe?	Vous permettez que je parte maintenant ?

WARNEN
LES AVERTISSEMENTS

Vorsicht Stufe!	Attention à la marche !
Achtung auf Gleis 8! Der Zug fährt ein.	Attention, quai n° 8. Le train entre en gare.

Seid vorsichtig!	Soyez prudents !
Pass auf, dass du nicht fällst!	Fais attention de ne pas tomber !
Hör auf, sonst schreie ich!	Arrête, ou je crie !

Vor Taschendieben wird gewarnt.	Attention aux pickpockets.
Ich warne dich!	Je te préviens !
Pass auf dich auf!	Fais attention à toi !
Nimm dich in Acht vor ihm!	Méfie-toi de lui !
Achtung! Lebensgefahr!	Attention ! Danger de mort !
Wehe, wenn du zu spät kommst!	Gare à toi, si tu arrives en retard !

FÄHIG SEIN
LA CAPACITÉ

Ich kann Auto fahren.	Je sais conduire.
Ich kenne mich nicht gut in der Stadt aus.	Je ne connais pas bien la ville.
In Mathe kommt er nicht mehr mit.	Il ne suit plus en math.

Er ist zu allem fähig.	Il est capable de tout.
Die Prüfung schaffe ich nie.	Je n'aurai jamais mon examen.
Sie ist nicht imstande, sich zu konzentrieren.	Elle est incapable de se concentrer.
Er versteht es, die Leute zum Lachen zu bringen.	Il s'y entend à faire rire les gens.
Computer? Davon verstehe ich überhaupt nichts.	L'ordinateur ? Je n'y comprends absolument rien.
Er kommt überall zurecht.	Il se débrouille partout.
Ich weiss über Recycling gut Bescheid.	Je m'y connais bien en recyclage.

SICHER SEIN
LA CERTITUDE

Das ist ganz sicher!	C'est sûr !
Das weiß ich ganz bestimmt.	J'en suis certain.
Es ist klar, dass sie gelogen hat.	Il est évident qu'elle a menti.
Er ist wirklich nicht da.	Il n'est vraiment pas là.
Das ist ganz bestimmt wahr.	C'est sûrement vrai.
Das stimmt.	C'est vrai.

Die Geschäfte sind jetzt auf jeden Fall zu.	De toutes façons, les magasins sont fermés maintenant.
Da gibt es nicht den geringsten Zweifel.	Il n'y a pas le moindre doute.
Davon bin ich überzeugt.	J'en suis convaincu.
Ich wette, dass sie nicht kommt.	Je parie qu'elle ne viendra pas.
Es steht jetzt fest, dass sie sitzen bleibt.	C'est sûr maintenant qu'elle va redoubler.

ÄRGER AUSDRÜCKEN
LA COLÈRE

So geht das nicht weiter!	Cela ne peut pas continuer ainsi !
Du gehst mir auf die Nerven!	Tu m'énerves !
Was zu viel ist, ist zu viel!	Trop c'est trop !
Es reicht jetzt!	Cela suffit maintenant !
Das geht dich nichts an!	Cela ne te regarde pas !
Er wird schnell wütend.	Il se met vite en colère.
Sie ist böse auf mich.	Elle est fâchée contre moi.
Reg dich nicht auf!	Ne t'énerve pas !
Das ärgert mich!	Cela m'agace !
Es nervt mich, dass er nie pünktlich ist.	Cela m'énerve qu'il ne soit jamais à l'heure.

Das ist nicht zum Aushalten!	C'est insupportable !
Kümmere dich um deine eigenen Angelegenheiten!	Occupe-toi de tes affaires !
Mir reicht's!	J'en ai assez !
Das geschieht dir recht!	C'est bien fait pour toi !
Das ist unerhört!	C'est inouï !
Das ist die Höhe!	C'est un comble !
Schämt ihr euch nicht?	Vous n'avez pas honte ?
Lasst mich doch endlich in Ruhe!	Laissez-moi tranquille, à la fin !
Es ist kaum zu glauben!	C'est à peine croyable !

VERGLEICHEN
LA COMPARAISON

Ich habe genau den gleichen Mantel wie du.	J'ai exactement le même manteau que toi.
Es ist nicht so einfach wie du denkst.	Ce n'est pas aussi facile que tu le penses.
Sie ähnelt ihrem Vater.	Elle ressemble à son père.

Hoffentlich ist morgen schöneres Wetter.	Espérons que nous aurons meilleur temps demain.
Du siehst immer jünger aus.	Tu as l'air de plus en plus jeune.
Im Vergleich zu gestern geht es mir jetzt viel besser.	En comparaison avec hier, je vais beaucoup mieux aujourd'hui.
Er verdient dreimal so viel wie ich.	Il gagne trois fois plus que moi.
Je älter er wird, desto unausstehlicher wird er.	Plus il vieillit, plus il devient insupportable.
Je mehr es regnete, desto weniger Leute waren auf der Straße.	Plus il pleuvait, moins il y avait de gens dans la rue.
Das hört sich nach Mozart an.	On dirait du Mozart.

VERSTEHEN
LA COMPRÉHENSION

Wie bitte? Können Sie bitte wiederholen?	Comment ? Pouvez-vous répéter s'il vous plaît ?
Ich verstehe kein Wort!	Je ne comprends pas un mot !
Könnten Sie etwas langsamer sprechen?	Pourriez-vous parler un peu plus lentement ?
Ich bringe alles durcheinander.	Je confonds tout.
Ich habe nichts kapiert!	Je n'ai rien pigé ! (fam.)

Da bin ich nicht ganz mitgekommen.	Je n'ai pas tout à fait suivi.
Ich habe den Faden verloren. Wo waren wir stehen geblieben?	J'ai perdu le fil. Où en étions-nous restés ?
Du hast mich missverstanden.	Tu ne m'as pas bien compris.
Das war ein Missverständnis.	C'était un malentendu.
Das ist doch selbstverständlich!	C'est évident !
Er hat kein Verständnis für meine Probleme.	Il ne montre aucune compréhension pour mes problèmes.
Ich habe ihm klargemacht, dass er einen Fehler gemacht hat.	Je lui ai fait comprendre qu'il avait fait une faute.

UM RAT FRAGEN - RAT GEBEN
LE CONSEIL

Was soll ich jetzt machen?	Que dois-je faire maintenant ?
Was würden Sie mir raten?	Que me conseilleriez-vous ?
Ich brauche Rat.	J'ai besoin de conseils.
Können Sie mir sagen, was ich da am besten mache?	Pouvez-vous me dire ce qu'il y a de mieux à faire ?

Was würden Sie machen, wenn Sie an meiner Stelle wären?	Que feriez-vous , si vous étiez à ma place ?
Am besten wäre es hinzufahren.	Le mieux serait d'y aller.
Warum haben Sie meine Ratschläge nicht befolgt?	Pourquoi n'avez-vous pas suivi mes conseils ?
Du tätest besser daran, nicht auf ihn zu warten.	Tu ferais mieux de ne pas l'attendre.
Könntest du nicht mit ihr reden?	Tu ne pourrais pas lui parler ?
Du solltest nicht in diesem Ton mit ihr sprechen.	Tu ne devrais pas lui parler sur ce ton.

ANWEISUNGEN GEBEN
LES DIRECTIVES

Los, aufstehen!	Allons, debout !
Licht aus!	Eteignez la lumière ! / Eteins !
Alle aussteigen!	Tout le monde descend !
So wird's gemacht!	Voilà comment il faut faire !

HAUSORDNUNG	RÉGLEMENT INTÉRIEUR
Mülltonnen vor 8 Uhr auf die Straße stellen.	Sortir les poubelles avant 8 heures.
Fahrräder nur im Keller abstellen.	Déposer les vélos seulement à la cave.
Es wird gebeten, nach 22 Uhr Radio und Fernsehgeräte leiser zu stellen.	Prière de baisser les radios et les téléviseurs après 22 heures.
Gebrauchsanweisung genau durchlesen.	Lire attentivement le mode d'emploi.

ZWEIFELN
LE DOUTE

Ich frage mich, ob sie verheiratet sind.	Je me demande s'ils sont mariés.
Bist du dir ganz sicher?	Tu en es bien sûr ?
Vielleicht war alles umsonst.	Peut-être que tout cela n'a servi à rien.

Ich nehme an, dass er die Wahrheit sagt.	Je suppose qu'il dit la vérité.
Das bezweifle ich.	J'en doute.
Ich zweifle an seiner Ehrlichkeit.	Je doute de son honnêteté.
Es würde mich sehr wundern, wenn er käme.	Je serais très étonné qu'il vienne.
Das kann ich mir kaum vorstellen.	J'ai peine à l'imaginer.

EINE EVENTUALITÄT AUSDRÜCKEN
L'ÉVENTUALITÉ

Schon möglich!	C'est bien possible !
Er wird wahrscheinlich nicht da sein.	Il ne sera sans doute pas là.

Er dürfte 40 Jahre alt sein.	Il devrait avoir 40 ans.
Es könnte sein, dass du recht hast.	Il se pourrait que tu aies raison.
Gegebenenfalls komme ich zu Fuß.	Le cas échéant , je viendrai à pied.
Höchstwahrscheinlich wird es regnen.	Il va très probablement pleuvoir.
Mag sein, dass er davon wusste.	Il est possible qu'il ait été au courant.

SICH ENTSCHULDIGEN
LES EXCUSES

Entschuldigung! / Verzeihung!	Pardon !
Es tut mir Leid.	Je suis désolé.
Ich bitte (vielmals) um Entschuldigung.	Je vous prie de m'excuser.
Ich habe das nicht so gemeint.	Ce n'est pas ce que je voulais dire.
Entschuldigen Sie bitte meine Verspätung.	Veuillez excuser mon retard.
Hoffentlich kommen wir nicht zu früh.	J'espère que nous n'arrivons pas trop tôt.

Das habe ich nicht absichtlich getan.	Je ne l'ai pas fait exprès.
Das war ein Versehen.	C'était une erreur.
Das ist nicht meine Schuld.	Ce n'est pas ma faute.
Verzeih, das habe ich doch nur zum Spaß gesagt.	Excuse-moi, je plaisantais.
Ich bedaure, aber ich hatte keine andere Wahl.	Je regrette, mais je n'avais pas le choix.
Das macht nichts. / Keine Ursache.	Il n'y a pas de quoi.

ZÖGERN AUSDRÜCKEN
L'HÉSITATION

Soll ich oder soll ich nicht hingehen?	Faut-il ou non que j'y aille ?
Das kommt drauf an.	Cela dépend.
Ich weiss nicht so recht.	Je ne sais pas trop.
Das könnte sein.	Cela se pourrait bien.

Ich muss mir das noch überlegen.	Je dois encore y réfléchir.
Ich kann mich einfach nicht entscheiden.	Je n'arrive pas à me décider.
Nach langem Hin und Her hat er sich doch noch entschieden.	Après maintes hésitations, il a fini par se décider.
Einerseits will ich weg von hier, andererseits weiss ich nicht wohin.	D'un côté j'aimerais partir d'ici, d'un autre côté je ne sais pas où aller.
Was soll ich bloß antworten?	Qu'est-ce que je peux bien répondre?

GLEICHGÜLTIGKEIT AUSDRÜCKEN
L'INDIFFÉRENCE

Das ist mir (völlig) gleich / egal.	Cela m'est (totalement) égal.
Das lässt mich kalt.	Cela me laisse froid.
Das spielt keine Rolle.	C'est sans importance.
Du hast schon drei Bier getrunken! - Na und?	Tu as déjà bu trois bières ! - Et alors ?

Es macht mir nichts aus, allein zu bleiben.	Cela ne me fait rien de rester seul.
Das ist nicht der Rede wert.	Ce n'est pas la peine d'en parler.
Das berührt mich nicht.	Cela ne me touche pas.
Was habe ich damit zu tun?	En quoi cela me concerne-t-il ?
Das geht mich nichts an.	Cela ne me regarde pas.
Es lohnt sich nicht.	Cela ne vaut pas la peine.
Es ist mir gleichgültig, ob die Firma von einem Mann oder einer Frau geleitet wird.	Cela m'est indifférent que l'entreprise soit dirigée par un homme ou par une femme.

VERBIETEN
L'INTERDICTION

So etwas tut man nicht.	Cela ne se fait pas.
Das kommt nicht in Frage.	Il n'en est pas question.
Rauchen verboten!	Interdit de fumer !
Baustelle bitte nicht betreten.	Chantier interdit.
Du darfst das niemandem weitersagen.	Tu ne dois le répéter à personne.
Sie dürfen hier nicht fotografieren.	Vous n'avez pas le droit de prendre des photos ici.

Zutritt verboten. Lebensgefahr.	Accès interdit. Danger de mort.
Das Flugzeug hat keine Landeerlaubnis erhalten.	L'avion n'a pas reçu l'autorisation d'atterrir.
Ich verbiete Ihnen, in diesem Ton mit mir zu reden.	Je vous interdis de me parler sur ce ton.

JEMANDEN EINLADEN
L'INVITATION

Darf ich dich zu einem Eis einladen?	Je peux t'inviter à manger une glace ?
Würde es dir Spaß machen, zum Skilaufen mitzukommen?	Cela te plairait d'aller faire du ski avec moi ?
Ich komme gern.	Je viendrai avec plaisir.
Oh danke. Das ist sehr nett von dir.	Oh merci, c'est très gentil de ta part.
(Es) Tut mir Leid, aber ich kann nicht.	Désolé, mais je ne peux pas.

Wie wäre es, wenn du den Abend mit uns verbringen würdest?	Et si tu passais la soirée avec nous ?
Hättet ihr Lust, heute Abend auf ein Glas vorbeizukommen?	Cela vous dirait de venir prendre un pot à la maison ce soir ?
Ich bedaure, aber wir haben diese Woche jeden Abend etwas vor.	Je regrette, mais nous sommes pris tous les soirs de cette semaine.
Schade, morgen geht es nicht. Wie wär's mit nächstem Montag?	C'est dommage, c'est impossible demain. Lundi prochain peut-être ?

SICH FREUEN
LA JOIE

Ich freue mich schon darauf.	Je m'en réjouis d'avance.
Ich habe mich sehr über Ihren Besuch gefreut.	Votre visite m'a fait bien plaisir.
Ich freue mich auf die Ferien.	Je me réjouis à l'idée de partir en vacances.
Genial! / Spitze! / Super! / Toll!	Fantastique ! Super ! ...
Ich bin sehr froh, dass alles vorbei ist.	Je suis content que tout soit fini.
Das macht Spaß!	Cela fait plaisir !

Es ist eine freudige Nachricht.	C'est une nouvelle qui fait plaisir.
Er hat viel Freude an seiner neuen Arbeit.	Son nouveau travail lui cause beaucoup de satisfaction.
Er ist von seinem neuen Auto begeistert.	Il est enchanté de sa nouvelle voiture.
Die Kinder sind außer sich vor Freude.	Les enfants sont fous de joie.
Sie strahlt vor Freude.	Elle rayonne de joie.

EINE MEINUNG ÄUßERN
L'OPINION

Meiner Meinung nach hast du unrecht.	D'après moi tu as tort.
Ich bin deiner Meinung.	Je suis de ton avis.
Ich bin da anderer Meinung.	Je ne suis pas du même avis.
Glaubst du das wirklich?	Le crois-tu vraiment ?
Ich finde es nicht richtig, dass Frauen weniger verdienen.	Je ne trouve pas juste que les femmes gagnent moins.
Er hat seine Meinung geändert.	Il a changé d'avis.
Ich habe den Eindruck, dass es ihr besser geht.	J'ai l'impression qu'elle va mieux.

Was wollen Sie damit sagen?	Que voulez-vous dire par là ?
In diesem Punkt gehen unsere Meinungen auseinander.	Sur ce point nos avis diffèrent.
Ich sehe das aber ganz anders.	Moi, je vois cela tout à fait autrement.
Offen gesagt, mir gefällt dieses Bild nicht.	A vrai dire, ce tableau ne me plaît pas.
Was mich betrifft, so sehe ich da nur Vorteile.	En ce qui me concerne, je n'y vois que des avantages.
Ich halte das für ungerecht.	Je trouve cela injuste.
Ich bin auch der Ansicht, dass etwas getan werden muss.	Je suis aussi d'avis qu'il faut faire quelque chose.

ANGST AUSDRÜCKEN
LA PEUR

Hoffentlich ist ihm nichts passiert!	Pourvu que rien ne lui soit arrivé !
Wir machen uns Sorgen um sie.	On s'inquiète pour elle.
Er fürchtet sich vor nichts.	Il n'a peur de rien.
Du hast mich erschreckt!	Tu m'as fait peur !
Wo bleibt er bloß?	Où peut-il bien être ?
Sie zitterte vor Angst.	Elle tremblait de peur.
Ich habe Angst vor dem Fliegen.	J'ai peur de prendre l'avion.
Wir waren sehr beunruhigt.	Nous étions très inquiets.
Ich wäre vor Angst fast gestorben!	J'ai failli mourir de peur !

SICH BEKLAGEN
LA PLAINTE

Das ist ärgerlich!	C'est ennuyeux !
Ich habe nur Ärger mit dem neuen Auto.	Je n'ai que des ennuis avec la nouvelle voiture.

Ich werde mich beim Direktor beschweren.	Je me plaindrai auprès du directeur.
Es muss sich um einen Irrtum handeln.	Il doit s'agir d'une erreur.
Dieser Apparat taugt nichts.	Cet appareil ne vaut rien.
Die Arbeiter beklagen sich über die schlechten Arbeitsbedingungen.	Les ouvriers se plaignent des mauvaises conditions de travail.
Ich sehe nicht ein, warum ich für dieselbe Arbeit schlechter bezahlt werde.	Je ne vois pas pourquoi je suis plus mal payé pour le même travail.

SICH VORSTELLEN
LES PRÉSENTATIONS

Darf ich mich vorstellen? Ilse Eder.	Je me présente : Ilse Eder.
Guten Tag, ich bin Udo Grass. / Guten Tag, mein Name ist Udo Grass.	Bonjour, je m'appelle Udo Grass.
Ich möchte dich meiner Schwester Evi vorstellen.	Je voudrais te présenter à ma soeur Evi.
Darf ich Ihnen meinen Vater vorstellen?	Puis-je vous présenter mon père ?
Ich habe schon viel von Ihnen gehört.	J'ai déjà beaucoup entendu parler de vous.
Es freut mich, Sie kennen zu lernen.	Je suis ravi de faire votre connaissance.
Sehr erfreut! / Angenehm!	Enchanté !
Ich glaube, dass wir uns schon begegnet sind.	Je crois que nous nous sommes déjà rencontrés.

Es war mir ein Vergnügen, mich mit Ihnen zu unterhalten.	Cela a été un plaisir pour moi de parler avec vous.
Es hat mich gefreut, Ihre Bekanntschaft zu machen.	J'ai été heureux de faire votre connaissance.

EINE MENGE, EIN MAß ANGEBEN
INDIQUER UNE QUANTITÉ, UNE MESURE

Du isst zu viel Süßigkeiten!	Tu manges trop de sucreries !
Ich habe nicht genug geschlafen.	Je n'ai pas assez dormi.
Ich habe noch etwas Zeit.	J'ai encore un peu de temps.
Du musst doppelt so viel arbeiten.	Tu dois travailler deux fois plus.
Wie breit ist der Schrank?	Quelle est la largeur de l'armoire ?

Sie hat fünf Kilo zugenommen.	Elle a grossi de cinq kilos.
Wir werden zu dritt (zu zweit) kommen.	Nous viendrons à trois (à deux).
Sie ist etwa / cirka ein Meter 60 groß.	Elle mesure environ 1 m 60.
Sie finden in der ganzen Umgebung kein besseres Restaurant.	Vous ne trouverez pas de meilleur restaurant dans tous les environs.
40 Prozent der Befragten sehen beim Essen fern.	40 % des personnes interrogées regardent la télévision en mangeant.
Der Benzinpreis ist um fünf Pfennig gestiegen.	Le prix de l'essence a augmenté de cinq pfennigs.

BEDAUERN
LE REGRET

Schade, dass du nicht kommen kannst.	Dommage que tu ne puisses pas venir.
Er hat mir das leider nicht gesagt.	Malheureusement il ne me l'a pas dit.
Es tut mir wirklich Leid.	Je suis vraiment désolé.
Wie dumm, dass ich nicht mit darf!	C'est bête que je ne puisse pas venir !
Wie konnte ich nur so naiv sein?	Comment ai-je pu être aussi naïf ?

Was für ein Pech!	Quelle malchance !
Wenn ich das gewusst hätte!	Si j'avais su !
Wenn ich nur nichts gesagt hätte!	Si seulement je n'avais rien dit !
Ich bedaure dieses Missverständnis!	Je regrette ce malentendu.
Ich hätte nicht so frech sein sollen!	Je n'aurais pas dû être aussi insolent !
Es ist sehr bedauerlich.	C'est très regrettable.
Er ist wirklich zu bedauern.	Il est vraiment à plaindre.

DANKEN
LES REMERCIEMENTS

Danke! / Danke schön!	Merci !
Danke sehr! / Vielen Dank!	Merci beaucoup !
Vielen Dank für alles!	Merci pour tout !
Ich bin Ihnen sehr dankbar.	Je vous suis très reconnaissant.
Das ist aber nett von Ihnen.	C'est très gentil de votre part.

Ich möchte Ihnen für alles, was Sie für mich getan haben, danken.	J'aimerais vous remercier pour tout ce que vous avez fait pour moi.
Bitte! / Bitte schön!	De rien !
Gern geschehen!	Avec plaisir !
Keine Ursache! / Nichts zu danken!	Il n'y a pas de quoi !
Das ist doch selbstverständlich!	C'est tout naturel !

VORWÜRFE MACHEN
LES REPROCHES

Sie waren das! Ich habe Sie gesehen!	C'était vous ! Je vous ai vu !
Wie konntest du bloß so etwas tun?	Comment as-tu pu faire cela ?
Du bist an allem schuld!	Tout est de ta faute !

Sie hätten auf das Kind aufpassen sollen!	Vous auriez dû faire attention à cet enfant !
Du hättest besser daran getan, ihm nichts zu sagen!	Tu aurais mieux fait de ne rien lui dire !
Es wäre mir lieber gewesen, du wärst zuerst zu mir gekommen!	J'aurais préféré que tu viennes d'abord me voir !
Was wirfst du ihm eigentlich vor?	Que lui reproches-tu au juste ?
Wie konntest du es wagen, so etwas zu sagen?	Comment pouvais-tu oser dire une chose pareille ?

SICH ERINNERN - VERGESSEN
LE SOUVENIR - L'OUBLI

Ach ja! Jetzt erinnere ich mich daran!	Ah oui ! Je m'en souviens maintenant !
Ich erinnere mich noch gut an Sie.	Je me souviens très bien de vous.
Dieses Gesicht sagt mir nichts.	Ce visage ne me dit rien.
Erinnere mich daran, den Brief einzuwerfen!	Fais-moi penser à poster la lettre !

Jetzt fällt mir wieder ein, wie er heißt.	Maintenant son nom me revient à l'esprit.
Wenn ich mich recht erinnere, bist du 1981 geboren.	Si je me souviens bien, tu es né en 1981.
Diesen Namen werde ich mir nie merken.	Je ne retiendrai jamais ce nom.
Soweit ich mich erinnere, hatten sie einen Hund.	Autant que je me souvienne, ils avaient un chien.

ÜBERRASCHUNG AUSDRÜCKEN
LA SURPRISE

Das ist ja unglaublich!	Mais c'est incroyable !
Das darf doch nicht wahr sein!	Mais ce n'est pas vrai !
Das ist aber eine Überraschung!	Pour une surprise, c'est une surprise !
Wirklich?	Vraiment ?

Was für ein Zufall!	Quelle coïncidence !
Ich traue meinen Augen nicht!	Je n'en crois pas mes yeux !
Ich kann es noch nicht fassen!	Je n'en reviens pas !
Kein Wunder, dass das weh tut!	Pas étonnant que cela fasse mal !
Ist das dein Ernst?	Tu parles sérieusement ?

GUTE WÜNSCHE AUSSPRECHEN
LES VOEUX

Guten Appetit! (danke, gleichfalls!)	Bon appétit ! (merci, de même !)
Gute Besserung!	Bon rétablissement !
Gute Fahrt!	Bon voyage !
Viel Vergnügen! / Viel Spaß!	Amusez-vous bien !
Viel Glück!	Bonne chance !
Viel Glück bei der Prüfung!	Bonne chance pour ton examen !
Ich halte dir die Daumen!	Je croise les doigts !
Mach's gut!	Bon courage !
Zum Wohl!	A votre santé !
Schöne Feiertage!	Passez de bonnes fêtes !
Frohe Weihnachten!	Joyeux Noël !
Ein gutes neues Jahr!	Bonne année !
Alles Gute zu deinem Geburtstag!	Bon anniversaire !
Ich wünsche Ihnen (dir) ...	Je vous (te) souhaite ...

Herzlichen Glückwunsch zur bestandenen Prüfung!	Félicitations pour le succès à ton examen !
Wir gratulieren Euch von ganzem Herzen zu Eurer Hochzeit.	Nous vous adressons tous nos voeux de bonheur à l'occasion de votre mariage.

TRIANGLE BLEU imprimerie - 59600 Maubeuge
Dépôt légal : 2e trimestre 1998